Pack dein Leben an!

Martin Lexa, geb. 1965 mit einer Behinderung, ist Wirtschafts- und Sozialwissenschaftler. Als internationale Führungskraft im Personalwesen lebt er mit seiner Familie seit fast zwei Jahrzehnten im Ausland, zuletzt in Göteborg, Schweden. Aufgrund seiner Erfahrung spricht er auf renommierten Konferenzen über Human Resources, Leadership und inkludierende Unternehmenskulturen.

Martin Lexa

Pack dein Leben an!

Mein persönliches Konzept
zur Integration von Menschen
mit Behinderung

Mabuse-Verlag
Frankfurt am Main

Bibliografische Information der Deutschen Nationalbibliothek

Die Deutsche Nationalbibliothek verzeichnet diese Publikation in der Deutschen Nationalbibliografie; detaillierte bibliografische Daten sind im Internet über http://dnb.dnb.de abrufbar.

Informationen zu unserem gesamten Programm, unseren Autor:innen und zum Verlag finden Sie unter: www.mabuse-verlag.de.

Wenn Sie unseren Newsletter zu aktuellen Neuerscheinungen und anderen Neuigkeiten abonnieren möchten, schicken Sie einfach eine E-Mail mit dem Vermerk „Newsletter" an: online@mabuse-verlag.de.

© 2024 Mabuse-Verlag GmbH
Kasseler Str. 1 a
60486 Frankfurt am Main
Tel.: 069-70 79 96-22
Fax: 069-70 41 52
vertrieb@mabuse-verlag.de
www.mabuse-verlag.de
instagram.com/mabuseverlag
facebook.com/mabuseverlag
twitter.com/MabuseVerlag

Lektorat: Dr. Marion Stadie, Berlin
Projektkoordination und Endlektorat: Simone Holz, Pisa, www.lektorat-redazione-holz.eu
Satz und Gestaltung: Björn Bordon/Metalexis, Niedernhausen
Umschlaggestaltung: Marion Ullrich, Frankfurt am Main
Umschlagabbildung: © istockfoto.com/smartboy10
Druck: Stückle Druck und Verlag, Ettenheim

ISBN: 978-3-86321-737-2
Printed in Germany
Alle Rechte vorbehalten

Widmung

Ich widme dieses Buch meinen Eltern, die mich nach bestem Wissen und Gewissen allen Widrigkeiten zum Trotz großgezogen haben. Ihr Engagement, ihre Liebe und ihre Fürsorge wiesen mir den richtigen Weg zum Erwachsenwerden. Anerkennung gebührt meinen beiden Schwestern Irmgard und Ingrid, die in meiner Kindheit immer für mich da waren und es auch heute noch sind. Ich danke meiner Frau Cornelia, die seit meinem Studium den Feinschliff für meine weitere Entwicklung übernahm und meinen beruflichen Werdegang im In- und Ausland unterstützte. Respekt zolle ich auch meinen drei wunderbaren Töchtern Melina, Janine und Celine, die mir stets mit Aufgeschlossenheit und Humor begegneten. Schließlich widme ich es auch meinen Freunden sowie meinen Kollegen, die mich stets so akzeptierten, wie ich bin, mich förderten und forderten. Ohne diese wundervollen Menschen wäre ich nicht zu dem Menschen (mit Behinderung) geworden, der ich heute bin.

Inhalt

Vorwort –
Mit Mut unser Leben selbstbestimmt gestalten

Ich betrachte mich im Spiegel. Ich sehe mich so, wie ich bin, und das, was ich sehe, ist anders als bei »normalen« Menschen, die einer gesellschaftlich akzeptierten Norm entsprechen. Abweichungen von der Norm werfen Fragen auf, machen uns zu Außenstehenden und ziehen Blicke auf uns. Oh ja, ich habe versucht, mein Aussehen der Norm anzupassen, um nicht aufzufallen, um mich besser zu fühlen, um so zu sein wie die anderen. Es gelang mir nicht. Das zu akzeptieren fiel mir nicht leicht. Wer will nicht einer gesellschaftlichen Norm entsprechen? Es macht das Leben leichter! Warum? Wenn Menschen sich begegnen, nehmen sie zunächst die Äußerlichkeiten des anderen wahr. Entsprechen sie nicht der Norm, verändern sich die Blicke: Sie werden investigativ, fragend, abschätzend, zeigen Erschrecken oder Reaktionen des Abgestoßenseins. Ob ich will oder nicht, die Blicke sind auf mich gerichtet, mal diskret, mal direkt. Es gibt kein Entkommen oder Ausweichen.

Ich betrachte mich im Spiegel. Ich würde so gerne aussehen wie die anderen, aber es wird nie so sein. Diese Realisierung ist hart und trifft mich ins Mark, wieder und wieder. Ich betrachte mein Spiegelbild wie ein Fremdbild, weil ich nicht so aussehen will. Ich bin mit mir aufgrund meiner äußeren Erscheinung nicht im Reinen. Ich bin müde, ständig den Blicken der anderen ausgesetzt zu sein. In dunklen Momenten hasse ich, was ich sehe, doch die dunklen Kräfte gewinnen keine Oberhand. Ich bin stark, ich bin umgeben von Menschen, die mich lieben, und ich will meinen Weg selbstbestimmt gehen.

Mit den Jahren verstehe ich, dass ich mein Äußeres nicht verändern kann. Ich lerne, mich so zu akzeptieren, wie ich bin. Das bedeutet auch, dass ich die Rolle in der Gesellschaft einnehme, die diese mir zuweist. Es bringt nichts, gegen Windmühlen zu kämpfen. Ich muss lernen, mich mit ihnen zu drehen, aber meinen eigenen Weg zu gehen.

Im Laufe der Zeit realisiere ich, dass es nicht nur um mich geht. Ich bin nicht allein. Es gibt mehr Menschen, die mit einer Behinderung zu leben gelernt haben, als ich mir vorstellen kann. Doch wo sind sie alle? Ich sehe sie nicht. Warum ist das so? Gehe ich mit verschlossenen Augen durch die Welt oder sind sie einfach weniger präsent in unserem täglichen Leben? Wenn ich mich frage, mit wie vielen Menschen mit Behinderung ich regelmäßig im privaten und beruflichen Leben zu tun habe, dann fallen mir nicht viele ein. Es ist eine Minderheit, aber – wie wir sehen werden – doch so groß, dass man sie nicht übersehen kann.

Mein bisheriges Leben ist reich an Erlebnissen, die ich aufgrund meiner Behinderung gemacht habe. Es waren Erfahrungen, die mich auf der einen Seite verletzten, auf der anderen Seite aber motivierten und mich anspornten. Diese im privaten und beruflichen Bereich gemachten Erfahrungen haben mich dazu bewogen, über Möglichkeiten nachzudenken, was wir alle, die mit Menschen mit Behinderung umgehen, anders und besser machen können. Letztendlich geht es aber auch um uns Menschen mit Behinderung selbst, was wir verändern können, um nicht eine schicksalsergebene Opferrolle einzunehmen, sondern uns selbstbewusst und eigenverantwortlich unserem Leben zu stellen.

Wandel kann nur gelingen, wenn staatliche und gesellschaftliche Rahmenbedingungen verändert werden und in den Unternehmen ein Umdenken stattfindet, das Menschen mit Behinderung als vollwertige Mitbürger[1] betrachtet und ihre vollständige Integration in die Gesellschaft und damit in die Berufswelt vorantreibt.

Meine Recherche ergab, dass es trotz globaler Bemühungen keine generell akzeptierte Definition von »Menschen mit Behinderung« gibt, geschweige denn eine allgemein verbindliche Beschreibung. Es wäre meiner Meinung nach verschwendete Zeit und verlorene Energie, krampfhaft über Ländergrenzen hinweg Definitionen und Kategorien von Menschen mit Behinderungen zu entwickeln und konsensfähig zu machen. Lasst uns lieber daran arbeiten, dass die festgefahrenen Vorstellungen von der »Norm« in den Köpfen unserer Mitmenschen aufgebrochen werden und die Entscheider in den Unternehmen positiv beeinflusst werden, um die Erwerbsquote von Menschen mit Behinderung zu erhöhen.

Lasst uns dafür kämpfen, den staatlichen Fürsorgegedanken uns gegenüber über Bord zu werfen und ihn durch eine zeitgemäße, aktive Förderung

---

1 Aus Gründen der besseren Lesbarkeit wird auf die gleichzeitige Verwendung der Sprachformen männlich, weiblich und divers verzichtet. Sämtliche Personenbezeichnungen gelten gleichermaßen für alle Geschlechter.

und Unterstützung für Menschen mit Behinderung zu ersetzen. Wir sind keine Opfer, die zu bemitleiden sind. Wir sind eigenständige Individuen, die es verdienen, mit Respekt und Anstand behandelt zu werden. Das bedeutet aber im Umkehrschluss, dass wir uns nicht in eine Opferrolle zurückziehen dürfen, um exakt diese Reaktionen unserer Mitmenschen hervorzurufen.

Meine persönlichen Erfahrungen können hierzu hoffentlich einen positiven Beitrag leisten. Wir wollen als Menschen wahrgenommen werden, die sich ihrer eigenen Unzulänglichkeiten (der Behinderung) bewusst sind, die sich aber auch auf ihre Stärken konzentrieren und ihre Fähigkeiten weiterentwickeln, um sie aktiv zum Wohle der Gesellschaft einzusetzen. Das sollte uns stolz und selbstbewusst machen und uns erlauben, unser Leben so weit wie möglich unabhängig zu gestalten.

Auch wenn ich davon überzeugt bin, dass Veränderung bei einem selbst beginnen sollte, ist es damit nicht getan. Daher wird mein Buch auch ein Wegweiser für die Gesellschaft und unsere Mitmenschen sein, nicht auf unsere Einschränkungen und »Unfähigkeiten« zu schauen, sondern uns als Individuen mit ihren Talenten und Fähigkeiten wahrzunehmen. Wenn es unseren Mitmenschen gelingt, »Andersartigkeit«, gemessen an den gesellschaftlichen Normen, zu respektieren und uns so zu akzeptieren, wie wir sind, dann sind wir einen entscheidenden Schritt weitergekommen.

Neben dem Staat, der Gesellschaft und den Unternehmen spielen Eltern und andere Bezugspersonen, insbesondere beim Heranwachsen eines Menschen mit Behinderung, eine entscheidende Rolle. Wie meine persönlichen Erfahrungsberichte zeigen werden, sind deren Einstellungen, Ansichten und Erziehungsformen für uns früh prägend und bestimmen unser Verhalten. In Kindheit und Jugend angeeignete Verhaltensweisen beeinflussen unser ganzes Leben. Sie zu verändern und zu überwinden ist harte Arbeit.

Dieses Buch ist keine wissenschaftliche Abhandlung zum Thema »Behinderung«, sondern basiert auf persönlichen Erfahrungen, die ich im Laufe meines Lebens und meiner Berufstätigkeit gesammelt habe. Mein Berufsleben erstreckt sich auf einen Zeitraum von über drei Jahrzehnten mit unterschiedlichen Arbeitgebern, in verschiedenen Branchen und Ländern. Es ist nicht meine Intention, einzelne Erfahrungsberichte bestimmten Arbeitgebern zuzuordnen.

Das wäre meiner Meinung nach nicht fair, da die geschilderten Erlebnisse meist mit bestimmten Personen (oft Managern) verbunden waren, die in der Zwischenzeit nicht mehr bei diesem Unternehmen arbeiten. Zudem hat sich die Kultur mancher Unternehmen über die Jahre weiterentwickelt, oft zu mehr Inklusion und Toleranz »Andersartigen« gegenüber.

Wenn ich mich heute im Spiegel betrachte, bin ich mit mir und meinem Äußeren im Reinen. Mein Spiegelbild und ich sind eins, eine Einheit. Diese »Symbiose« führt dazu, dass ich weniger Energie verwende, um mich mit mir selbst auseinanderzusetzen, sondern mein Leben so versuche zu gestalten, wie es mir richtig erscheint – allen Hindernissen zum Trotz.

I Wer sind Menschen mit Behinderung?

Auch wenn es keine einheitliche Definition für Menschen mit Behinderung gibt, möchte ich diesen Bereich eingangs beleuchten, um für dieses Buch Klarheit zu schaffen.

Ein kurzer Abriss, wie mit Menschen mit Behinderung in der Vergangenheit umgegangen wurde, bildet einen wichtigen Kontext, um zu verstehen, wo wir heute stehen. Ein wesentliches Element zur vollständigen Integration von Menschen mit Behinderung besteht, neben anderen Aspekten, darin, in die Schule zu gehen sowie einen Beruf zu erlernen und auszuüben.

Es gibt verschiedene Arten von Behinderungen, die Menschen in ihrer körperlichen, geistigen oder emotionalen Funktionsfähigkeit beeinträchtigen. In der Wissenschaft und der einschlägigen Literatur findet sich eine Vielzahl von Definitionen mit unterschiedlichen Differenzierungsgraden. »Menschen sind behindert, wenn ihre körperliche Funktion, geistige Fähigkeit oder seelische Gesundheit mit hoher Wahrscheinlichkeit länger als sechs Monate von dem für das Lebensalter typischen Zustand abweichen und daher ihre Teilhabe am Leben in der Gesellschaft beeinträchtigt ist.«[2] Als Behinderung bezeichnet man demnach eine dauerhafte und gravierende Beeinträchtigung der gesellschaftlichen und wirtschaftlichen Teilhabe einer Person. Verursacht wird diese durch die Wechselwirkung ungünstiger sozialer oder anderer Umweltfaktoren (Barrieren) und solcher Eigenschaften der Betroffenen, welche die Überwindung der Barrieren erschweren oder unmöglich machen. Behinderung wird also nicht als »Krankheit« betrachtet: Behindernd wirken in der Umwelt des Menschen sowohl Alltagsgegenstände und Einrichtungen – oder das Fehlen solcher Einrichtungen – (physikalische Faktoren) als auch die Einstellung anderer Menschen (soziale Faktoren).

Es gibt eine Vielzahl von Kategorisierungen, hier ist eine davon, die mir am instruktivsten erscheint.

• Körperliche Behinderungen
Diese umfassen Beeinträchtigungen des Bewegungsapparates, wie Lähmungen, Amputationen oder chronische Krankheiten, die die Mobilität einschränken.

---

2 Buzer: § 2 Behinderung, (online) https://www.buzer.de/gesetz/5856/a80821.htm [07.09.2023].

Hierbei handelt es sich um Behinderungen, die für einen dritten meist auf den ersten Blick ersichtlich sind. Das Gute daran ist, dass sich das Gegenüber gleich auf die Situation einstellen kann. Es lehrt auch den Menschen mit Behinderung, sich mit dem Offensichtlichen auseinanderzusetzen und sich auf mögliche Fragen, Einwände oder Bedenken vorzubereiten. Menschen mit körperlichen Einschränkungen können in der Regel alle ihre Sinne voll einsetzen, sind aber bei der Ausführung bestimmter praktischer Aktivitäten beeinträchtigt. Mit entsprechenden Hilfsmitteln, wie barrierefreien Zugängen zu Büros oder einer angemessenen Büroausstattung können Hindernisse, die eine vollständige Integration in die Berufswelt verhindern, ausgeräumt werden. Allerdings gibt es Berufsarten, wie zum Beispiel handwerkliche Tätigkeiten, die sich weniger oder gar nicht als Berufsfelder für diese Menschen eignen.

• Sensorische Behinderungen

Hierzu gehören Seh- und Hörbehinderungen, die das Seh- oder Hörvermögen beeinträchtigen oder vollständig einschränken können. Menschen mit diesen Behinderungen sind denen mit körperlichen Behinderungen sehr ähnlich. Auch hier ist die Behinderung für den Mitmenschen meist offensichtlich. Diese Menschen haben eingeschränkt funktionierende Sinnesorgane, da ein oder mehrere Sinne nicht zur Verfügung stehen oder nur bedingt vorhanden sind. Diese Menschen sind jedoch oftmals in der Lage, dieses Defizit durch andere Sinne, wie zum Beispiel Tasten, Riechen oder Schmecken und durch eine Vielzahl von Hilfsmitteln, beispielsweise die Blindenschrift, auszugleichen. Auch für diese Menschen ist eine Integration in die Arbeitswelt mit Hilfsmitteln möglich. Denkbare Berufsfelder bieten sich im Kundenservice, IT-Bereich, aber auch in den Finanz- oder Personalabteilungen.

• Geistige Behinderungen

Diese umfassen Beeinträchtigungen der kognitiven Fähigkeiten, wie Lernschwierigkeiten, Entwicklungsverzögerungen oder geistige Behinderungen, die das Denken, Verstehen und Lernen beeinflussen. Auch hier ist die Behinderung für den Mitmenschen meist offensichtlich. Aus meiner Erfahrung werden diese Menschen leider oft vorschnell und pauschal an einer Integration in die Arbeitswelt gehindert. Um dies zu verhindern, ist es notwendig, sich auf den Menschen mit Behinderung als Individuum einzulassen, um feststellen zu können, wo dessen Stärken liegen und wie stark die Lernfähigkeit ausgeprägt ist.

Ich habe während meiner Berufstätigkeit eine Vielzahl von Beispielen erlebt, die eine Integration ermöglichen. Hier seien einige angeführt:

- Ein Unternehmen stellt Menschen mit geistiger Behinderung als Mitarbeiter in der Produktion ein. Sie übernehmen zunächst einfache Aufgaben wie das Sortieren von Waren oder das Verpacken von Produkten. Durch klare Anweisungen und regelmäßige Schulungen werden sie in die Arbeitsabläufe integriert und können so einen wertvollen Beitrag für das Unternehmen leisten.
- Eine Werkstatt für Menschen mit Behinderung kooperiert mit einem örtlichen Unternehmen, um Arbeitsplätze für Menschen mit geistiger Behinderung zu schaffen. Die Werkstatt übernimmt dabei die Einarbeitung und Begleitung der Mitarbeiter, während das Unternehmen ihnen konkrete Aufgaben und Projekte zuweist. Durch diese Zusammenarbeit können die Menschen mit geistiger Behinderung ihre Fähigkeiten weiterentwickeln und sich beruflich entfalten.
- Eine Organisation bietet Menschen mit geistiger Behinderung die Möglichkeit, in einem eigenen Café zu arbeiten. Sie werden in verschiedenen Bereichen, wie der Zubereitung von Speisen oder dem Service eingesetzt. Durch gezielte Schulungen und individuelle Unterstützung können sie ihre Fähigkeiten ausbauen und sich beruflich weiterentwickeln.
- Ein Unternehmen bietet Menschen mit geistiger Behinderung die Möglichkeit, in einem Büro als Assistenzkraft zu arbeiten. Sie übernehmen administrative Aufgaben, wie die Dateneingabe oder die Terminplanung. Durch eine gute Arbeitsorganisation und klare Anweisungen werden sie in die Arbeitsabläufe integriert und können ihre Fähigkeiten im Bürobereich einbringen.

Die aufgeführten Beispiele sind alles andere als Selbstläufer: Eine erfolgreiche Integration erfordert, dass man als Unternehmer die Stärken, aber auch die Limitationen der Menschen mit geistiger Behinderung kennenlernt und den Willen und die Flexibilität besitzt, Arbeitsabläufe entsprechend anzupassen und ihren Lernprozess fördert.

• Psychische Behinderungen

Diese umfassen psychische Erkrankungen wie Depressionen, Angststörungen oder Schizophrenie, die das emotionale Wohlbefinden und die Funktionsfähigkeit beeinträchtigen. Hier ist die Behinderung für den Mitmenschen meist nicht auf den ersten Blick ersichtlich. Sie kann über einen längeren Zeitraum beobachtet werden, zum Beispiel hinsichtlich des Verhaltens, der Kommunikation oder der sozialen Interaktionen. Hinzu kommt, dass die Symptome dieser Beeinträchtigungen in Phasen auftreten können, was bedeutet, dass in einem Zeitraum ohne Symptome die volle Leistungsfähigkeit vorhanden ist, in einer anderen Phase ist die Leistungsfähigkeit aber nur eingeschränkt oder gar nicht abrufbar.

Hier sind einige Beispiele aus meiner Erfahrung, die einen beruflichen Einsatz von Menschen mit einer psychischen Behinderung ermöglichen:

– Ein Unternehmen bietet Menschen mit psychischer Behinderung flexible Arbeitszeiten an und die Möglichkeit, im Homeoffice zu arbeiten. Dadurch können diese Menschen ihre Arbeit besser an ihre individuellen Bedürfnisse anpassen und haben eine größere Chance, ihre Leistung nach ihren Fähigkeiten zu erbringen.

– Eine Organisation bietet diesen Menschen die Möglichkeit, in einem eigenen Gartenbauprojekt mitzuarbeiten. Sie kümmern sich um die Pflege von Pflanzen und die Gestaltung von Gärten. Durch die Arbeit in der Natur und den Kontakt mit Pflanzen können sie ihre psychische Gesundheit verbessern und gleichzeitig ihre beruflichen Fähigkeiten entwickeln.

– Eine Werkstatt bietet Menschen mit psychischer Behinderung die Möglichkeit, kreativ zu arbeiten. Sie können ihre künstlerischen Fähigkeiten nutzen und Kunstobjekte wie Gemälde, Skulpturen oder handgefertigte Gegenstände herstellen. Diese können dann verkauft werden, um die Arbeit der Werkstatt zu unterstützen und den Mitarbeitenden mit psychischer Behinderung eine Einkommensquelle zu bieten.

– Ein Unternehmen bietet diesen Menschen die Möglichkeit, in einem Mentoring-Programm zu arbeiten. Sie werden als Mentoren für andere Mitarbeitende eingesetzt und unterstützen sie bei der Bewältigung von Stress, der Förderung der psychischen Gesundheit und der Entwicklung von Bewältigungsstrategien. Durch ihre Erfahrungen können sie einen wertvollen Beitrag zur Schaffung eines gesunden Arbeitsumfeldes leisten.

Diesen Beispielen ist gemeinsam, dass die Unternehmen den Menschen mit psychischer Behinderung größtmögliche Flexibilität und Autonomie ermöglichen. Zur selben Zeit ist aber auch ein enges Monitoring erforderlich, um sicherzustellen, dass sich die gesundheitlichen Bedingungen nicht verändert haben, die eine Verminderung der Leistungsfähigkeit hervorrufen könnten. Flexible Arbeitszeitmodelle, Remote Working oder Teilzeitarbeit können die erfolgreiche Integration unterstützen.

• Entwicklungsbehinderungen

Diese umfassen Beeinträchtigungen, die während der Entwicklung im Kindesalter auftreten, wie Autismus, Aufmerksamkeitsdefizit-Hyperaktivitätsstörung (ADHS) oder Entwicklungsverzögerungen. Hier ist die Behinderung für den Mitmenschen meist nicht auf den ersten Blick erkennbar. Eine erste Diagnose kann durch Tests zum Feststellen des Entwicklungsstatus im Vergleich zu einer Peer-Gruppe oder durch die Beobachtung des Verhaltens erfolgen. Mit den richtigen Maßnahmen und dem Erlernen des Umgangs mit der Beeinträchtigung ist meiner Erfahrung nach oftmals eine vollständige Integration in die Arbeitswelt möglich. Es ist aber erforderlich, sich bei der Berufswahl professionelle Hilfe zu holen, um sicherzustellen, dass ein Beruf gewählt wird, der trotz der Entwicklungseinschränkungen bestmöglich ausgeführt werden kann.

Um den Rahmen dieses Buches nicht zu sprengen, fokussiere ich mich im Folgenden auf Menschen mit körperlichen Behinderungen. Hier sind einige Beispiele aufgeführt, mit welchen Herausforderungen sie konfrontiert werden:

1. Mobilitätseinschränkungen

Eine körperliche Behinderung kann die Mobilität einer Person beeinträchtigen. Sie kann Schwierigkeiten haben, sich fortzubewegen, Treppen zu steigen oder öffentliche Verkehrsmittel zu nutzen. Auch wenn Remote Work und Homeoffice seit der COVID-19-Pandemie an Bedeutung gewonnen haben und somit Mobilitätseinschränkungen beruflich weniger stark ins Gewicht fallen, bleibt deren Beseitigung weiterhin essenziell, um eine vollständige Teilnahme am gesellschaftlichen Leben zu ermöglichen.

2. Zugänglichkeit

Viele öffentliche und private Gebäude, Verkehrsmittel und Einrichtungen sind in einigen Fällen immer noch nicht barrierefrei gestaltet. Dies kann es Menschen mit körperlicher Behinderung erschweren, an bestimmten Aktivitäten oder Veranstaltungen teilzunehmen. Allerdings hat sich in diesem Bereich sehr viel zum Besseren gewandelt.

3. Alltagsaktivitäten

Alltägliche Aktivitäten wie Anziehen, Essen oder Körperpflege können für Menschen mit körperlicher Behinderung eine Herausforderung darstellen. Sie können auf Unterstützung oder spezielle Hilfsmittel angewiesen sein. Das Ausmaß der Hilfe hängt stark von der Schwere und der Art der Behinderung ab. Spezielle Hilfsmittel können bedingt Abhilfe schaffen, oft ist aber praktische und persönliche Hilfe vor Ort erforderlich, um eine Erleichterung herbeizuführen. Es gibt Beispiele, in denen Menschen mit unterschiedlichen Arten von Behinderung in einer Wohngemeinschaft zusammenleben, um sich gegenseitig in den Alltagsaktivitäten zu unterstützen.

4. Stigmatisierung und Vorurteile

Menschen mit Behinderung können mit Vorurteilen und Stigmatisierung konfrontiert werden. Dies kann zu sozialer Ausgrenzung, Diskriminierung oder mangelnder Akzeptanz führen und eine Vielzahl von Problemen zur Folge haben, wie zum Beispiel mangelndes Selbstbewusstsein, soziale Vereinsamung oder Ausgrenzung von der Teilnahme am Erwerbsleben. Diese Hindernisse können nur langfristig durch Aufklärung und Kommunikation behoben werden.

5. Arbeitsplatzbarrieren

Menschen mit körperlichen Behinderungen können Schwierigkeiten haben, einen geeigneten Arbeitsplatz zu finden oder angemessene Anpassungen am Arbeitsplatz zu erhalten. Dies schränkt ihre beruflichen Möglichkeiten ein. Mit zunehmendem technischem Fortschritt können diese Hindernisse immer besser beseitigt werden. Zum Beispiel gibt es mittlerweile sprachgesteuerte Schreibprogramme, die Tastaturen obsolet machen oder die weiter fortschreitende Automatisierung in der Produktion, die weniger manuelle Eingriffe erforderlich macht.

6. Gesundheitsprobleme

Körperliche Behinderungen können mit zusätzlichen gesundheitlichen Herausforderungen einhergehen, die die allgemeine Gesundheit und das Wohlbefinden beeinträchtigen und zusätzliche medizinische Versorgung erfordern. Dies kann am Arbeitsplatz zu höheren Fehlzeiten führen, was aus Arbeitgebersicht höhere Kosten und eine geringere Effizienz zur Folge hat. Hierdurch kann das Interesse daran, einen Arbeitnehmer mit Behinderung einzustellen, stark geschmälert werden.

7. Psychische Belastung

Die Bewältigung einer Behinderung kann zu psychischen Belastungen wie Depressionen, Angstzuständen oder geringem Selbstwertgefühl führen. Für den Betroffenen wird es eine Herausforderung, mit den emotionalen Auswirkungen der Behinderung umzugehen. Um diese Belastungen zu minimieren, ist es wichtig, offen mit ihnen umzugehen und geeignete Gesprächspartner (Menschen mit Behinderung und andere) zu finden, um einen Austausch zu fördern und Betreuungsangebote wahrzunehmen.

Die Ursachen für eine Behinderung in Deutschland sind höchst unterschiedlich. Während 3,5 Prozent eine angeborene Behinderung haben, sind 1,2 Prozent hervorgerufen durch einen Unfall. Bei der überwiegenden Mehrheit wurden Behinderungen durch eine Krankheit verursacht.[3]

Es ist wichtig zu beachten, dass Behinderungen individuell unterschiedlich sind und Menschen mit Behinderung verschiedene Fähigkeiten und Stärken besitzen. Allen Integrationsbemühungen ist jedoch gemein, dass sie nur in einer gesellschaftlichen und unternehmerischen Kultur der Inklusion stattfinden können. Ohne die Offenheit, sich der »Andersartigkeit« anzunehmen, sie zu akzeptieren und sich darauf einzulassen und sich anzupassen wird eine berufliche Integration von Menschen mit Behinderung nicht erfolgreich sein.

Wie bezeichnet man nun Menschen mit Behinderung, ohne sie zu verletzen? Behinderter Mensch, Mensch mit Behinderung, Behinderte oder Person mit

---

3 Statista (2021): Statistiken zum Thema Schwerbehinderung: Ursachen der Behinderung, (online) https://de.statista.com/themen/261/behinderung/#topicOverview [15.09.2023].

Handicap, disabled Person, Mensch mit besonderen Bedürfnissen? Welche Bezeichnung kann man zum Beispiel für einen Rollstuhlfahrer verwenden, ohne ungewollt verletzend zu sein? Worte sind die »Kleidung unserer Gedanken«. Sie drücken unsere Werte, aber auch unsere Vorurteile aus.[4]

Wenn wir über Behinderung sprechen, ist es wichtig, nicht nur die medizinische Diagnose zu berücksichtigen, sondern auch, wie gesellschaftliche Rahmenbedingungen und Inklusion zusammenhängen. Bin ich beispielsweise behindert, weil ich eine Etage nicht hochkomme, weil ich keine Treppen laufen kann – oder werde ich behindert, weil in dem Gebäude kein Aufzug existiert?

Eine Behinderung ist eine von vielen Merkmalen einer Person. Deswegen sollten wir auf Ausdrücke wie »der/die Behinderte« verzichten, die Personen auf ihre Behinderung reduzieren. Wir sprechen daher besser von Menschen mit Behinderung, Jobsuchenden mit Behinderung, Mitarbeitern mit Behinderung.

Wir sollten keine Angst vor dem Wort »Behinderung« haben. »Behinderung« ist eine neutrale Bezeichnung und wird vom Großteil der Menschen mit Behinderungen als Selbstbezeichnung verwendet. Es ist deswegen nicht notwendig, auf alternative Bezeichnungen wie »Handicap« oder »besondere Bedürfnisse« auszuweichen, weil sie besser klingen. Der Nachteil dieser Begriffe ist darüber hinaus, dass sie die Abweichung von einer Norm bezeichnen. Ob Menschen »behindert sind« oder »eine Behinderung haben«, wird von Menschen mit Behinderungen unterschiedlich gesehen. Manche entscheiden sich bewusst für die Selbstbezeichnung »behindert sein« – mit der Begründung, dass ihre Erlebnisse als Person mit Behinderung einen zentralen Teil ihrer Identität ausmachen. Für andere ist es wichtig zu betonen, dass ihre Behinderung nur einer von vielen Aspekten ihrer Persönlichkeit ist. Sie bevorzugen die Bezeichnung »eine Behinderung haben«. Ob und wie identitätsstiftend eine Behinderung für eine Person ist, entscheidet die betreffende Person für sich selbst.

Folgende Begrifflichkeit hat sich nach meiner Recherche im deutschsprachigen Raum durchgesetzt: Es ist allgemein akzeptiert von »Menschen mit Behinderung« zu sprechen, da eine Behinderung nicht den ganzen Menschen definiert. Der Begriff beschreibt darüber hinaus zwei Aspekte: zum einen eine empfundene persönliche Einschränkung körperlicher oder geistiger Ausprä-

---

4 MyAbility: Inklusives Wording, (online) https://www.myability.org/ wissen/inklusion-unter nehmen/erfolgsfaktoren/inklusives-wording [01.10.2023].

gung und zum anderen ein Hindernis, das eine Teilnahme an einem bestimmten Aspekt des gesellschaftlichen Lebens erschwert.

Abschließend sei hervorgehoben, dass Menschen mit Behinderung keine »besonderen« Bedürfnisse haben. Jeder Mensch möchte ohne Barrieren (Behinderungen) am gesellschaftlichen Leben teilhaben. Menschen mit Behinderungen sind selbstverständlicher Teil unserer Gesellschaft. »Behinderung« ist nicht das Gegenteil von »normal«, was eine Abweichung von einer Norm bezeichnet. Normal sind wir alle.

Ich spreche in diesem Buch von »Menschen mit Behinderung«, da es meiner persönlichen Auffassung am nächsten liegt. Ich bezeichne mich als »Mensch mit einer Behinderung«, da ich aufgrund meiner Behinderung »Einschränkungen« erfahre, die ein Mensch ohne diese Behinderung vermutlich nicht hätte. Wenn wir ehrlich zu uns sind – haben wir nicht alle eine wie auch immer geartete Behinderung oder Einschränkung, sei es physischer oder psychischer Natur?

II Veränderungen im Umgang mit Menschen mit Behinderung

Ich werde oft gefragt, ob es bestimmte Branchen, Länder oder Industrien gibt, in denen Menschen mit Behinderung stärker akzeptiert werden als in anderen. Diese Frage lässt sich nicht leicht beantworten, und ich möchte auch von einer Generalisierung Abstand nehmen, da diese nicht zutreffend und unfair wäre. Es gibt allerdings einige Trends, die ich beobachtet und erfahren habe. Doch zunächst möchte ich einen kurzen Überblick über die gesellschaftliche Einstellung gegenüber Menschen mit Behinderungen geben, in dem natürlich nicht alle Aspekte thematisiert werden können. Diese hat im Laufe der Jahre eine Entwicklung durchlaufen, die von kulturellen, sozialen, politischen und gesetzlichen Veränderungen beeinflusst wurde. Diese Weiterentwicklung ist in den verschiedenen Teilen der Welt unterschiedlich verlaufen.

Im 19. Jahrhundert: In vielen Gesellschaften wurden Menschen mit Behinderungen oft ausgegrenzt, als »unheilbar« betrachtet oder sogar als Fluch angesehen. In ihren Familien verrichteten sie oft einfache Tätigkeiten und wurden als »Minderbemittelte« betrachtet, derer man sich schämte. Wenn nötig, wurden sie in Institutionen oder Heimen untergebracht, in denen sie meist dahinvegetierten und keine gezielte Förderung erhielten. Im besten Fall wurde für ihre Grundbedürfnisse gesorgt, aber dies mehr schlecht als recht. Generell hatten Menschen mit Behinderung in dieser Zeit nur begrenzten Zugang zu Bildung, Arbeitsmöglichkeiten und sozialer Teilhabe. Sie erfuhren Stigmatisierung und Ausgrenzung.

Anfang bis Mitte des 20. Jahrhunderts: In einigen Ländern wurden Ansätze zur Integration und Bildung von Menschen mit Behinderung durchgeführt. Dies war aber oft auf die individuellen Anstrengungen von Aktivisten, Familien und Organisationen zurückzuführen. Insgesamt gab es jedoch weiterhin weit verbreitete Barrieren und Vorurteile.

In der Zeit des Nationalsozialismus (1933 bis 1945) wurde die Lebenssituation von Menschen mit Behinderung in Deutschland stark von den rassistischen und eugenischen Ideologien der Herrschenden beeinflusst. Das Regime verfolgte eine Politik der Euthanasie, die darauf abzielte, Menschen mit Behinderungen zu sterilisieren oder zu töten, um die »Reinheit der Rasse« zu fördern, die sie von der Existenz dieser Menschen bedroht sahen. Dies war eins der dunkelsten und grausamsten Kapitel der Geschichte der Menschen mit Behinderungen in Deutschland.

Nachfolgend werden einige wichtige Punkte über das Leben von Menschen mit Behinderung in der Zeit des Nationalsozialismus aufgeführt:

Im Jahr 1939 wurde das »Aktion T4-Programm« im Rahmen des »Euthanasieprogramms« ins Leben gerufen, das als geheime Aktion begann und später zu einem systematischen Selektions- und Mordprogramm wurde. Menschen mit verschiedenen Arten von Behinderungen konnten als »lebensunwert« eingestuft werden. Die Ärzteschaft und das medizinische Personal wurden angewiesen, solche Menschen zu erfassen und den staatlichen Stellen zu melden, die dann das weitere Vorgehen festlegten. Oftmals wurde entschieden, diese Menschen zu sterilisieren, um ihre Fortpflanzung und damit eine Verbreitung ihrer »kranken Gene« zu verhindern oder im schlimmsten Fall zu töten, um das »unwerte Leben« aus der Gesellschaft zu entfernen. »Unwertes Leben« wurde definiert als solches, welches keinen Mehrwert für die Gesellschaft in Form von Arbeitsleistung lieferte. Das Euthanasieprogramm führte zur Diskriminierung und Ermordung von vielen Tausend Menschen mit Behinderung. Die nationalsozialistische Propaganda bezeichnete sie oft als »Ballastexistenzen«. Dies trug dazu bei, eine Atmosphäre der Ablehnung und Entmenschlichung in der Gesellschaft zu schaffen, die dann die Durchführung der Euthanasiepolitik erleichterte. Die Familien der Opfer waren häufig ahnungslos und unwissend, was mit ihren Angehörigen passierte. Ihnen wurde oft vorgegaukelt, dass das behinderte Familienmitglied in einer speziellen Einrichtung besser aufgehoben sei als zu Hause. Wenn die Ermordung veranlasst und durchgeführt wurde, erhielten die Familienangehörigen gefälschte Todesurkunden, die die wahren Umstände ihres Todes verschleierten.

Die Erfahrungen dieser Zeit hinterließen tiefe Traumata und hatten langfristige Auswirkungen auf die Wahrnehmung von Menschen mit Behinderung in der deutschen Gesellschaft über das Ende des zweiten Weltkriegs 1945 hinaus.

Die schrecklichen Ereignisse im Zusammenhang mit der Euthanasiepolitik während des Nationalsozialismus sind ein trauriges Beispiel dafür, wie Ideologien von Diskriminierung und Entmenschlichung zu massiven Menschenrechtsverletzungen führen. Es ist wichtig, sich daran zu erinnern, um sicherzustellen, dass solche Ereignisse nie wieder geschehen und Menschen mit Behinderung die gleichen Rechte und die gleiche Würde wie alle anderen genießen.

1960er- bis 1980er-Jahre: Diese Dekaden waren geprägt von bedeutenden Fortschritten in der medizinischen Versorgung und in der Rehabilitation von Menschen mit Behinderung. Neue Behandlungsmethoden und Technologien ermöglichten eine bessere medizinische Betreuung und verbesserten die Lebensqualität für die Menschen mit Behinderung.

Trotz der Fortschritte in der medizinischen Versorgung wurden Menschen mit Behinderungen in vielen Ländern meist in staatlichen und karitativen Institutionen in Abschottung vom Rest der Gesellschaft untergebracht. Diese Einrichtungen waren oft überfüllt, hatten zu wenig Personal und boten daher nur begrenzte Möglichkeiten zur individuellen Betreuung und zur Entwicklung der Fähigkeiten der eingewiesenen Menschen.

Menschen mit Behinderungen wurden häufig weiterhin von der Gesellschaft diskriminiert. Sie hatten nur begrenzten Zugang zu Bildung, Beschäftigung und zu sozialen Aktivitäten. Diese Segregation führte zu einer starken Stigmatisierung von Menschen mit Behinderung, was sich in sozialer Isolation und Ausgrenzung niederschlug.

Es war aber auch die Zeit, in der Menschen mit Behinderung mit ihren Familien und Sympathisanten anfingen, sich zu organisieren und für ihre Rechte einzutreten. Es entstanden Selbsthilfegruppen und Organisationen, die sich für die Gleichstellung und Integration von Menschen mit Behinderung einsetzten. Aufgrund dieses Drucks und der zunehmenden gesellschaftlichen Sensibilisierung für dieses Thema wurden in einigen Ländern erste Gesetze erlassen, um die Rechte von Menschen mit Behinderungen zu stärken und ihre Integration in die Gesellschaft zu fördern. Beispiele hierfür sind der Rehabilitation Act von 1973 in den USA und das Behindertengleichstellungsgesetz von 1979 in Deutschland.

1990er-Jahre bis heute: Bereits in den 1980er-Jahren begann ein Paradigmenwechsel in der Betreuung und Unterstützung von Menschen mit Behinderung. Statt sie in Heimen und karitativen Einrichtungen unterzubringen, wurde ihre Integration und Inklusion in die Gesellschaft als vorrangiges Ziel angesehen.

Dies führte zu einer verstärkten Förderung von inklusiver Bildung, barriere-freien Umgebungen und Chancengleichheit für Menschen mit Behinderung. Der Fokus verschob sich von der bestmöglichen Betreuung in »Sonderschu-len« hin zu der Maxime, Menschen mit Behinderung, so weit wie möglich, in die »Regelschulen« zu integrieren. Diese Maßnahmen hatten zum Ziel, Men-schen mit Behinderung auf der einen Seite am gesellschaftlichen Leben teilha-ben zu lassen und auf der anderen Seite das Bewusstsein der Gesellschaft für die Bedürfnisse dieser Menschengruppe zu fördern.

Ein Meilenstein war die Verabschiedung der UN-Konvention über die Rechte von Menschen mit Behinderung im Jahr 2006. Diese Konvention betont die Würde, die Gleichheit und die Rechte von Menschen mit Behinderung in allen Lebensbereichen. Sie zielt darauf ab, Diskriminierung zu bekämpfen und die volle soziale Teilhabe am gesellschaftlichen Leben zu fördern. Das »Über-einkommen über die Rechte von Menschen mit Behinderungen« (UN-Behin-dertenrechtskonvention, UN-BRK) wurde am 13. Dezember 2006 von der Generalversammlung der Vereinten Nationen verabschiedet.

International ist es am 3. Mai 2008 in Kraft getreten, nachdem es 20 Staa-ten ratifiziert hatten. Mittlerweile haben über 180 Staaten die Resolution unter-zeichnet. Dies erscheint im ersten Moment beeindruckend, doch die Fortschritte in der Implementierung variieren je nach Land und Umsetzungsbemühungen. Vorreiter sind Länder wie zum Beispiel Kanada, Norwegen und Schweden, während unter anderem für Deutschland die jüngste Überprüfung der Konven-tion im Jahr 2023 ergab, dass hier nur unzureichende Fortschritte erzielt wur-den, das Leben für Menschen mit Behinderung inklusiver zu gestalten.

Trotz dieser Fortschritte gibt es immer noch große Herausforderungen. Dies betrifft zum Beispiel die Entwicklung und Umsetzung von inklusiven Bildungs- und Arbeitsmöglichkeiten, die Schaffung barrierefreier Umgebungen und die Bekämpfung von Vorurteilen. Die

Weiterentwicklung der Einstellung gegenüber Menschen mit Behinderung ist ein fortlaufender Prozess, der von einer Vielzahl von Faktoren beeinflusst wird.

Generell gesprochen ist die Gesellschaft über meinen Beobachtungszeit-raum (1971 bis 2023) inkludierender geworden, was bedeutet, dass Menschen mit Behinderung und ihre »Andersartigkeit« zunehmend akzeptiert werden. Die Integration von Menschen mit Behinderungen ist ein sich im stetigen Fortgang befindender Prozess und es sind noch weitere Anstrengungen erforderlich, um weltweit eine vollständige Integration zu erreichen. Doch dazu später mehr.

Diversity und Inklusion

Neben einer veränderten Einstellung gegenüber Menschen mit Behinderung im zeitgeschichtlichen Kontext gibt es Anstrengungen in Unternehmen, mehr Chancengleichheit für benachteiligte Mitarbeitergruppen zu schaffen. Diversity und Inklusion ist heutzutage aus Unternehmensleitlinien nicht mehr wegzudenken. Insbesondere in den höheren Führungsebenen wird vermehrt Wert daraufgelegt, dass eine zunehmende Geschlechterbalance hergestellt wird. Doch auch Diversifizierung aufgrund ethnischer Herkunft, des Alters oder gesammelter Erfahrungen gewinnen immer mehr an Bedeutung. Je stärker diese Diversifizierung ausgeprägt oder in der Unternehmenskultur verankert ist, desto größer ist die Toleranz und die Akzeptanz gegenüber Menschen mit Behinderung meiner Beobachtung nach.

Allerdings ist es in den meisten Unternehmen noch nicht üblich, die Beschäftigung von Menschen mit Behinderung als aktives Ziel anzugehen, was eine verpasste Chance in Zeiten von fehlenden Arbeitskräften ist. Es gibt Länder, wie zum Beispiel Deutschland, die von Unternehmen ab einer bestimmten Mitarbeiterzahl die Einstellung einer festgelegten Anzahl von Menschen mit einer bestimmten Schwere der Behinderung verlangt. Wird diese Quote nicht erfüllt, müssen die Unternehmen oft Strafabgaben (in Deutschland »Schwerbehindertenabgabe«) für jeden nicht eingestellten Menschen mit Behinderung bezahlen. Was als gezielte Maßnahme der Förderung der Eingliederung von Menschen mit Behinderung in die Berufswelt gedacht ist, entpuppt sich oft als ein Rohrkrepierer, da die Unternehmen lieber die Abgabe zahlen, als ihre Einstellungsquote zu erfüllen.

Kulturelle Normen

Der tägliche Umgang mit Menschen mit Behinderung ist maßgeblich geprägt durch die kulturellen Normen einer Gesellschaft. Die individuelle Reaktion auf Menschen mit Behinderung ist meistens beeinflusst durch die Sozialisierung durch Eltern, Familie, Gesellschaft. Sie haben die individuellen Normen und Werte über die Jahre geformt. Ist jemand in seiner Jugend zum Beispiel mit

Familienmitgliedern mit Behinderung aufgewachsen oder hat in der Schule Mitschüler mit Behinderung gehabt, so ist ein offener, »normaler« Umgang mit diesen Menschen auch im weiteren Leben zu erwarten.

Je mehr die Gesellschaft eines Landes darauf ausgerichtet ist, Menschen mit Behinderung in das alltägliche Leben zu integrieren, desto höher sind die Chancen, dass die Bürger dieses Landes Menschen mit Behinderung offener gegenüberstehen als in Ländern, in denen eine Isolierung zum Beispiel durch separate Förderschulen für Kinder mit Behinderung erfolgt. Dieser integrative Ansatz ist in den skandinavischen Ländern und Kanada bereits stark ausgeprägt und gesellschaftlich akzeptiert.

Trotz gesellschaftlicher und kultureller Sozialisierungsprozesse gibt es unterschiedliche Reaktionen, wenn man das erste Mal auf einen Menschen mit Behinderung trifft. Typische Ausdrucksweisen sind erstens das Erregen von Mitleid, das ein Helfersyndrom auslösen kann. Man fühlt sich als »gesunder« Mensch schlecht dem gegenüber, dem etwas »fehlt« oder man traut diesem Menschen per se weniger zu, da er nicht »vollständig« ist.

Eine zweite Verhaltensweise kann ein Gefühl des Abgestoßenseins sein, das Empfinden eines »Ekels« über das Andersartige, mit dem man sich nicht auseinandersetzen will. Das kann zur Folge haben, dass ein Mensch mit Behinderung ausgegrenzt und ignoriert wird und nicht als ebenbürtiger Mensch akzeptiert wird.

Eine dritte Ausdrucksweise ist das Entstehen von Neugierde: Die betreffende Person will wissen, warum das Gegenüber »anders« ist. Dies kann wirkliches Interesse am anderen bedeuten, dass jemand verstehen will, was passiert ist, um daraus ableiten zu können, wie mit dem Menschen mit Behinderung am besten umzugehen ist. Oder es ist eine oberflächliche Neugierde, die nicht wirklich am Menschen mit Behinderung interessiert ist und keine positiven Konsequenzen für diesen hat. In diesem Fall soll nur die persönliche Neugierde befriedigt werden. Der Mensch mit Behinderung ist nicht von Interesse. Es geht nur um dessen persönliche Geschichte, die ursächlich für die Behinderung ist.

In beiden Fällen der beschriebenen dritten Ausdrucksweise wird jedoch eine Grenze überschritten, insbesondere wenn man einander nicht gut kennt. Der Gefragte empfindet es meist als eine indiskrete Frage, die die Privatsphäre und die Persönlichkeit verletzt. Man stelle sich beispielsweise nur vor, Sie werden gefragt, ob Ihre Kinderlosigkeit auf ihre Impotenz zurückzuführen ist. Sie wären zu Recht echauffiert und gekränkt. Es gibt eine vierte Ausdrucksweise, nämlich die, sich keine Reaktion anmerken zu lassen. Gründe hierfür können recht unterschiedlicher Natur sein, dass es einen nicht interessiert, dass der andere akzeptiert wird, wie er ist oder schlicht und ergreifend, dass dem Betrachter die Behinderung nicht auffällt.

Was ist nun der richtige Umgang mit Menschen mit Behinderung, die man kennenlernt? Mir persönlich sagt es am meisten zu, wenn ich zunächst so akzeptiert werde, wie ich bin. Das bedeutet, mich nicht zu fragen, was zu meiner Behinderung geführt hat. Dies kann meines Erachtens im Laufe der Zeit thematisiert werden, wenn es sich aus dem Gespräch heraus ergibt. Einer meiner guten Freunde zum Beispiel fragte mich anfangs nicht nach dem Grund meiner Behinderung. Ich brachte das Thema selbst erst zur Sprache, als ich ihm von meiner Idee erzählte, ein Buch zur Thematik der beruflichen Karriere mit Behinderung zu schreiben. Ich denke, wenn ein Vertrauensverhältnis hergestellt ist, fällt es viel leichter, über diese Angelegenheit zu sprechen. Es gibt dem Menschen mit Behinderung auch das Gefühl als »vollwertig« wahrgenommen zu werden.

III Meine Geschichte

Meine Eltern und meine Geburt

Meine Eltern lebten die zur Zeit meiner Geburt Mitte der 60er-Jahre klassische Rollenverteilung eines Ehepaares. Meinem Vater stand die Rolle des Ernährers zu: Es war seine Verantwortung, sich um das finanzielle Wohl seiner Familie zu sorgen, seiner Frau und seinen Kindern »etwas zu bieten«, wie ein eigenes Haus, ein Automobil und eine gute schulische Bildung. Meine Mutter nahm im Gegenzug die Rolle der klassischen Hausfrau ein: Sie versorgte ihren Mann und ihre Kinder in allen häuslichen Belangen und erledigte das Einkaufen, Kochen, Wäsche waschen, Bügeln und Putzen. Darüber hinaus managte sie die schulischen Angelegenheiten, wie das Überwachen der Hausaufgaben, der schulischen Leistungen und die Kommunikation mit den Lehrern. Im finanziellen Bereich hatte mein Vater das Sagen: Obwohl meine Mutter auch Zugang zu den Bankkonten hatte, war er es, der sich um die Finanzen kümmerte.

Meine Mutter erhielt monatlich einen Betrag in bar, um die Familie zu versorgen. Neben Lebensmitteleinkäufen für das tägliche Leben mussten von diesem Budget Ausgaben für Kleidung, Reinigung und schulische Belange bestritten werden. Meine Mutter überwachte ihre Ausgaben und ihr Budget sehr gewissenhaft. Meist trug sie wöchentlich akkurat alle Ausgaben in ein Haushaltsbuch ein und kontrollierte so, wieviel Geld ihr noch für den Rest des Monats zur Verfügung stand. Es war ein persönlicher Triumpf für sie, wenn sie am Monatsende noch Geld zur Verfügung hatte, weil es ihr ermöglichte, »sich mal etwas zu gönnen«, sei es für einen spontanen Friseurbesuch, neues Geschirr oder ein Schmuckstück.

Diese Rollenverteilung machte meine Eltern abhängig voneinander: Meine Mutter war finanziell komplett von meinem Vater abhängig und auf der anderen Seite war mein Vater in hauswirtschaftlichen Dingen auf meine Mutter angewiesen. Er war nicht in der Lage, sich selbst zu versorgen, sei es zu kochen oder sich um seine Wäsche zu kümmern.

Zum Zeitpunkt der Schwangerschaft meiner Mutter 1964 war mein Vater als selbstständiger Architekt erfolgreich, meine Familie finanziell abgesichert und das eigene Haus nach Jahren des Bauens bezogen. Ich würde sagen, dass unsere Familie der oberen Mittelschicht angehörte.

Ich sei als das dritte Kind ein Wunschkind gewesen, erzählte man mir. Meine Schwestern waren zu diesem Zeitpunkt fünf und neun Jahre alt. Meine Mutter hatte also Erfahrung mit Schwangerschaften und Geburten. Meine Schwestern waren beide körperlich und geistig gesund, sodass sich meine Eltern keine weiteren Gedanken um meine Gesundheit machten. Hinzu kam, dass die Schwangerschaft unkompliziert verlief.

Die Diagnostik zur Begleitung von Schwangeren war zu dieser Zeit noch nicht vorhanden. Ultraschalluntersuchungen setzen sich erst einige Jahre später durch und wurden dann zum medizinischen Standard. De facto war es nicht möglich, körperliche und geistige Behinderungen während der Schwangerschaft zu diagnostizieren. Im Gegensatz zu heute hatte meine Mutter damals während ihrer Schwangerschaft keine Chance zu erfahren, dass sie ein Kind mit Behinderung austrug.

Die medizinische Forschung und der damit verbundene Fortschritt in der Betreuung von Schwangerschaften haben sich in den vergangenen 60 Jahren stark entwickelt und sind in ihren Anfängen mit den heutigen Standards nicht zu vergleichen.

Man muss sich vor Augen halten, dass erst im Laufe der 60er-Jahre die Entwicklung von Visualisierungstechniken, wie dem Ultraschall oder die Möglichkeit, Aufnahmen von Ungeborenen im Mutterleib zu machen, zu grundlegenden Veränderungen in der Frauenheilkunde geführt haben. Das Erleben der schwangeren Frauen entwickelt sich weg von der inneren haptischen Wahrnehmung hin zu einer »Dominanz des Sehsinnes«, der Kontakt zum Ungeborenen entsteht zunehmend über die äußeren Bilder. Eine Folge dieser Sichtbarmachung ist die Loslösung des Ungeborenen aus der mütterlichen Einheit. Der Embryo als eigenständiges Wesen wird »geboren«, das werdende Kind und dessen Gesundheit rücken in den Vordergrund.

Erst in den 70er-Jahren etablierte sich in Deutschland die systematische medizinische Schwangerenvorsorge. Die Mütter- und Säuglingssterblichkeit sinkt in den Folgejahren drastisch.

In den 90er-Jahren wird die Schwangerenvorsorge durch die Pränataldiagnostik erweitert. Eine spezifische emotionale Herausforderung ist die Fehlbildungsdiagnostik, da der Ultraschall einerseits schon sehr früh ein sichtbares Gegenüber »erzeugt« und gleichzeitig mögliche Befunde dazu führen können, dass das Leben des werdenden Kindes jederzeit zur Disposition stehen kann.

Zudem hält die schwangere Frau das »Ja« zum Kind noch zurück, die Bindung wird »verschoben« und manchmal bleiben Angst und Irritation, auch ohne eindeutigen Befund. Werdende Eltern und insbesondere die Schwangere werden durch diagnostizierte Fehlbildungen oder geistige Beeinträchtigungen vor die Frage gestellt, ob die Schwangerschaft fortgesetzt werden soll oder nicht.

Es ist eine sehr persönliche Frage, welche Art und Schwere einer Behinderung akzeptierbar ist. Der Segen des technologischen Fortschritts wird Fluch zur selben Zeit. Ohne professionelle Beratung wird der Entscheidungsfindungsprozess zur seelischen Qual und zu einer Zerreißprobe für eine Partnerschaft.

Ich kam durch eine natürliche Geburt auf die Welt. Nun stelle man sich vor, was es für ein Schock für die anwesenden Personen und meine Mutter gewesen sein musste, als ich geboren wurde. Anstatt einem gesunden Jungen die Nabelschnur zu durchtrennen, war es ein Kind, dem ein Körperglied fehlte, nämlich der komplette linke Arm.

Aus Erzählungen weiß ich, dass meine Mutter die ersten Tage sehr traurig und erschüttert gewesen war. Sie wollte niemanden sehen, keine Besuche empfangen. Sie war schockiert über meine Behinderung und haderte mit ihrem Schicksal. Allerlei Fragen geisterten ihr durch den Kopf: Wie sollte es mit mir weitergehen, wie mit ihr? Wessen »Schuld« war es, dass ich mit einer Behinderung geboren wurde? Was würden die Familie, Freunde und Bekannte sagen? Würden sie sich von ihr und mir abwenden? Ihr gesamtes Leben war auf dem Prüfstand. Nichts war mehr so wie vorher.

Sie entwickelte jedoch in den nachfolgenden Tagen eine für sie typische Kämpfernatur. Es wurde deutlich, dass es ihr fester Wille war, mir ein normales Leben in unserer Gesellschaft und in unserer Familie zu ermöglichen. Ihr Credo war von Anfang an, dass ich eine schulische Ausbildung erhalten sollte, diese mit dem Abitur abschließen, um danach entweder eine Berufsausbildung zu absolvieren oder ein Studium an einer Universität aufzunehmen. Sie sagte immer, dass mein Kopf gesund sei und ich ihn daher nutzen muss, da handwerkliche Tätigkeiten oder Berufe, die Geschicklichkeit mit den Händen erforderten, für mich nicht infrage kamen.

Über die Reaktion meines Vaters weiß ich nur, dass er die anfängliche Trauer meiner Mutter teilte. Da es aufgrund des Rollenverständnisses meiner Eltern klar war, wer die Kindererziehung übernahm, würde die Hauptlast bei mei-

ner Mutter liegen. Ich sollte meinen Vater jedoch als sehr fürsorglich kennenlernen.

Meine Behinderung

Ich möchte vorwegschicken, dass ich keinen medizinischen Hintergrund habe.
Daher ist die folgende Beschreibung laienhaft, auch wenn sie auf medizinisches
Wissen zurückgreift.

Anschaulich gesprochen, fehlt mein kompletter linker Arm und meine
linke Schulter ist nur in Ansätzen ausgebildet. Die Ursachen meiner Behinderung blieben im vagen. Der erste naheliegende Verdacht war die Einnahme
des Medikaments Contergan während der Schwangerschaft. Contergan war ein
Schlaf- und Beruhigungsmittel, das zwischen 1957 und 1961 in Deutschland
rezeptpflichtig verkauft wurde. Das Medikament wurde von Frauen gegen mor-
gendlich auftretende Schwangerschaftsübelkeit eingenommen. Wie im Novem-
ber 1961 bekannt wurde, rief das Mittel schwere Fehlbildungen bei den Emb-
ryos im Mutterleib hervor. Die sogenannten »Contergan-Kinder« kamen unter
anderem mit verkürzten Armen und Beinen, unterentwickelten Ohrmuscheln
und weiteren körperlichen Fehlbildungen zur Welt. Da mir der gesamte linke
Arm fehlte und meine Mutter mehr als zwei Jahre später, nachdem das Medikament aus dem Markt genommen wurde, schwanger wurde, konnte Contergan
als Ursache meiner Behinderung ausgeschlossen werden.

Eine andere Hypothese war, dass sich im Laufe der Schwangerschaft die den
Fötus versorgende Nabelschur um die linke Extremität gewickelt hätte und so
für eine Abschnürung sorgte. Übermäßiger Alkohol- oder Nikotinkonsum als
weitere Ursachen kamen bei meiner Mutter nicht infrage. Ich bin mir sicher,
dass meine Eltern mit den Ärzten lange über die Ursachen meiner Behinderung nachgedacht haben. Allerdings trat schnell ihr Pragmatismus zutage, der
besagte, dass die Situation nicht zu ändern sei und es ihnen daher wichtig war,
ihre Energie zu bündeln, um mich auf mein Leben vorzubereiten.

Erst Jahrzehnte später war es für mich an der Zeit, mehr Licht in das Dunkel
der Ursachen meiner Behinderung zu bringen. Meine Frau und ich hatten nach
dem Studium der Wirtschafts- und Sozialwissenschaften viel Freude an unseren

Berufen gefunden. Wir arbeiteten beide im Personalwesen und waren voll in unsere Jobs eingebunden. Ab und zu stellte sich die Frage nach Kindern und wann der richtige Zeitpunkt dafür wäre, doch das Thema wurde immer wieder verschoben.

Erst als die biologische Uhr immer lauter tickte, setzten wir uns mit dem Thema intensiver auseinander. Wir kamen überein, dass wir gerne Eltern werden würden. Wenn Nachwuchs, war es für uns auch wichtig, mehr als ein Kind zu haben. Wie viele andere potenzielle Eltern machten auch wir uns Gedanken, was bei einer Schwangerschaft alles schieflaufen kann: vom erhöhten gesundheitlichen Risiko für meine Frau, die im Alter von fünfunddreißig Jahren bereits zur Risikogruppe der Schwangeren gehören würde, bis hin zur Möglichkeit einer Behinderung des Fötus.

Eine mögliche Behinderung war ein akutes Thema wegen meiner eigenen angeborenen Behinderung. So ist bei Risikoschwangerschaften aufgrund potenzieller erblicher Vorbelastungen oder wegen des höheren Alters der werdenden Mutter die statistische Wahrscheinlichkeit, dass ein Kind mit einer Behinderung zur Welt kommt, um ein Vielfaches höher als bei einer »Regel-Schwangerschaft«.

Diese statistischen Werte helfen dabei, Dinge einzuordnen und sich eine ungefähre Vorstellung davon zu machen, wie wahrscheinlich es ist, dass etwas passieren kann. Was allerdings fängt man als betroffenes Elternpaar zum Beispiel mit der Information an, dass die Wahrscheinlichkeit einer Behinderung bei vier bis sechs Prozent liegt. Mit anderen Worten, vier bis sechs von hundert Kindern werden in dieser Risikogruppe mit einer Behinderung geboren. So weit, so gut oder so weit, so schlecht? Die statistische Wahrscheinlichkeit sagt auch noch nichts über die Schwere einer Behinderung aus. Die Extreme reichen von einer kompletten Behinderung (zum Beispiel das Fehlen aller Extremitäten oder es liegen schwerste psychische Störungen vor) bis hin zu leichten Formen einer Behinderung.

Meine Frau und ich stellten uns die Frage, welcher Grad und welche Form der Behinderung für uns akzeptabel wäre. Wir führten lange und intensive Gespräche darüber, ob zum Beispiel eine Behinderung wie meine eigene annehmbar wäre oder nicht. Wer trifft am Ende die Entscheidung: wir gemeinsam oder hat meine Frau das letzte Wort?

Das alles sind sehr wichtige Fragen und Herausforderungen, die eine Beziehung vor eine Zerreißprobe stellen können. Wir argumentierten mit statistischen Wahrscheinlichkeiten, stellten Hypothesen auf und bastelten an Szenarien, wie wir ein Kind mit Behinderung erziehen würden. Irgendwie waren wir eher verwirrt und von Klarheit gab es keine Spur.

Wir vertagten das Thema und entschieden, zunächst zu versuchen, uns mehr Wissen über die Ursachen meiner Behinderung zu verschaffen. Wir lebten zu dieser Zeit in Frankfurt am Main und vereinbarten einen Termin mit Ärzten des Instituts für Humangenetik des Klinikums der Johann Wolfgang Goethe-Universität.

In den Gesprächen mit den Ärzten fühlten wir uns verstanden und ernst genommen. Ich konnte ihnen einen medizinischen Bericht aus meiner Kindheit zur Verfügung stellen. Der Schwerpunkt der Beratung lag aber auf unserer Familienhistorie und angeborenen Auffälligkeiten wie Behinderungen.

Die Untersuchenden kamen zum Ergebnis, dass es sich bei meiner Behinderung um eine Amelie handelt, eine angeborene Fehlbildung mit Fehlen von einem oder mehreren Gliedmaßen. Neben dem Zufall muss man diskutieren, ob Gene vererbt werden, die zum Beispiel für eine Stabilisierung der Extremitätenentwicklung zuständig sind und deren Ausfall dann auch häufig zu Fehlentwicklungen von Extremitäten innerhalb einer Familie führen kann. In meinem Fall hat eine entfernte Cousine Überlieferungen zufolge eine nicht näher klassifizierte Handfehlbildung, sodass in meiner Familie durchaus eine mangelnde Stabilisierung der Extremitätenentwicklung vorliegen könnte.

Unter Berücksichtigung der vielen nicht betroffenen Familienmitglieder und der insgesamt sehr geringen Zahl publizierter familiärer Transversaldefekte wurde das Wiederholungsrisiko für unsere Kinder trotzdem als nicht wesentlich erhöht gegenüber dem allgemeinem Basisrisiko eingeschätzt.

Meine Frau und ich nahmen das Ergebnis mit Erleichterung auf, da es in meinem Fall neben dem Basisrisiko kein erhöhtes Risiko aufgrund genetischer Ursachen gab. Nun war der Ball zurück bei uns. Unsere Diskussionen gingen weiter: Wir sprachen über statistische Wahrscheinlichkeiten, stellten Hypothesen auf und entwarfen verschiedene Szenarien, bis uns der Kopf rauchte. Persönlich machte mir die Situation sehr zu schaffen. Was würden meine Frau und ich in dem Fall tun, wenn der Fötus die gleiche Behinderung wie ich hätte?

Die erste Reaktion wäre vermutlich, über einen Schwangerschaftsabbruch nachzudenken. Ein für mich schrecklicher Gedanke, weil ich ja der lebende Beweis dafür bin, dass das Leben trotz meiner Behinderung lebenswert ist und ich ein eigenständiges und erfülltes Leben führe. Ich stellte mir vor, wie sich meine Mutter entschieden hätte, wenn es zur damaligen Zeit die Möglichkeiten der Früherkennung von Schädigungen während der Schwangerschaft gegeben hätte und Schwangerschaftsabbrüche erlaubt gewesen wären. Ich verglich die Situation meiner Mutter mit meinem Entscheidungsprozess, mich für oder gegen ein Kind mit Behinderung zu entscheiden. Für meine Mutter stellte sich damals die Frage nicht, ob sie mich als Kind mit einer Behinderung zur Welt bringen wollte oder nicht. Sie wusste es schlicht nicht! Ich glaube, dieser Gedanke hat mir vor Augen geführt, wie sehr ich von Angst und Sorge dominiert wurde.

Warum die Dinge nicht auf sich zukommen lassen? Die moderne Diagnostik zur Früherkennung möglicher Behinderungen nutzen und sich erst im Falle einer sich abzeichnenden Behinderung damit auseinandersetzen und abwägen, ob man das Kind bekommen will oder nicht.

Meine Frau und ich einigten uns auf einen pragmatischen Ansatz: Wir hatten den innigen Wunsch, Kinder zu bekommen. Wir wussten, dass die Wahrscheinlichkeit einer Behinderung gering war und damit war die Entscheidung getroffen, dass wir ein Kind haben wollten. Falls festgestellt werden würde, dass unser Kind behindert wäre, würden wir situativ und unter Abwägung der Schwere der Behinderung entscheiden, ob wir das Kind bekommen wollten. Diese Entscheidung nimmt einem letztendlich niemand ab. Es sei an dieser Stelle angemerkt, dass ich stolzer Vater von drei wunderbaren Töchtern bin.

Kindheit und Jugend

Im Folgenden beschreibe ich mein Elternhaus, meine Familie und ihren Umgang mit mir. Ich gehe auf den Zeitgeist ein, der zu meiner Geburt herrschte, meine Kindheit, meine Zeit als Jugendlicher bis hin zur Zeit meines Universitätsstudiums. Meine Schilderungen basieren auf meinen persönlichen Erlebnissen in dieser Zeit. Am Ende reflektiere ich darüber, was meiner Meinung nach in der Zeit des Heranwachsens gut gelaufen ist und was ich im Rückblick hätte anders machen können.

Meine Erziehung

Nach dem Ende des Zweiten Weltkriegs waren die Menschen in Deutschland damit beschäftigt, ihr Leben wieder aufzubauen. Als Tugenden galten deshalb Fleiß, Pflichterfüllung, Gehorsam, Achtung vor den öffentlichen Institutionen wie Schule, Polizei, Staat und Kirche. In gewisser Weise wurde das Verhalten aus der Diktatur des Nationalsozialismus fortgeschrieben.

Am Anfang der 60er-Jahre war die Bundesrepublik Deutschland politisch und wirtschaftlich ein stabiler Staat. Aus den Trümmern des Krieges war ein neues demokratisches Deutschland entstanden. Infolge des Wirtschaftswunders herrschte Anfang der 60er-Jahre fast Vollbeschäftigung. Der Wohlstand wuchs. Die soziale Marktwirtschaft hatte sich bewährt.

In den 60er-Jahren wuchs dann eine neue Generation heran, die die Diktatur der Nationalsozialisten und die Brutalität der Zerstörungen des Zweiten Weltkriegs nicht miterlebt hatte. Sie wollte nichts davon wissen, dass nur ein starker Staat Angriffe durch radikale Gruppen und Parteien verhindert. Sie war im Wohlstand aufgewachsen und gewohnt, ihre Wünsche erfüllt zu bekommen. Die jungen Leute wollten sich den staatlichen Institutionen und ihren Eltern nicht mehr unterordnen. Öffentliche Autoritäten wie Schule, Polizei und Kirche waren verpönt. Ihre Maxime war es, ihr Leben selbst zu gestalten, ihre Meinung frei zu äußern und in allen Belangen mitzubestimmen. Frei von allen Zwängen zu sein und auferlegte Fesseln abzulegen, das war ihre Lebensmaxime.

Ich wurde Mitte der 60er-Jahre in diesen Zeitgeist hinein geboren. Ich bin in einer Familie mit vier Kindern aufgewachsen, mit zwei älteren Schwestern und einer jüngeren. Auch meine Familie sah sich mit diesem gesellschaftlichen Konflikt konfrontiert: meine Eltern auf der einen Seite, die unter der Diktatur der Nationalsozialisten aufgewachsen waren und daher die typischen deutschen Tugenden wie Fleiß und Gehorsam vor Obrigkeiten verinnerlicht hatten. Auf der anderen Seite waren meine Schwestern und ich, die im Geist einer neuen, liberalen Generation aufwuchsen.

Meine Geschwister und ich wurden streng, aber liebevoll erzogen. Ein gewisser Wohlstand hatte in unserem Haus Einzug gehalten, wobei Sparsamkeit und Genügsamkeit oberstes Prinzip waren. Fehlverhalten und Ungehorsam von uns Kindern wurden bestraft, manchmal auch durch körperliche Züchtigung wie beispielsweise eine Ohrfeige.

Was heute unvorstellbar ist, körperliche Züchtigung, war auch in meiner anfänglichen Schulzeit normaler Teil der Erziehung. Dennoch wurde der Erziehungsstil meiner Eltern im Laufe der Jahre weicher, toleranter und weniger autoritär. Meine beiden älteren Geschwister erzählten mir, dass sie noch wesentlich strenger erzogen wurden als meine jüngere Schwester und ich.

Obwohl es in den 60er-Jahren noch nicht üblich war, dass ein Junge die gleichen häuslichen Pflichten in der Familie übernahm wie seine Schwestern, war es für meine Mutter sehr wichtig, dass ich in allen Bereichen des Haushalts voll eingesetzt wurde. Das schloss Tischdecken und -abräumen, Geschirrabwaschen und Hausputz mit ein. In dieser Hinsicht genoss ich keinen Sonderstatus aufgrund meines Geschlechts oder meiner Behinderung. Ausreden wie »Ich kann das nicht machen, weil ich ja nur einen Arm habe«, wurden insbesondere von meiner Mutter nicht gebilligt.

Dieser Gleichbehandlungsgrundsatz meiner Eltern hat sicherlich dazu beigetragen, dass ich von meinen Geschwistern wertgeschätzt und akzeptiert wurde. Ich habe zu keinem Zeitpunkt erfahren, dass ich von ihnen aufgrund meiner Behinderung diskriminiert oder ausgegrenzt wurde. Wenn ich meine Schwestern heute frage, wie sie ihre Kindheit mit mir erlebt haben, bestätigen sie, dass ich so »normal« wie sie erzogen wurde. Zusammenfassend würde ich sagen, dass meine Familie ein Hort der Sicherheit und Zuflucht für mich war. Ich fühlte mich akzeptiert, wertgeschätzt und geliebt.

Wie bereits beschrieben, war die Einstellung der Gesellschaft gegenüber Behinderten in den 60er-Jahren noch vollkommen anders heute: Menschen mit Behinderung waren Ausgrenzungen und Stigmatisierung ausgesetzt, oft lebten sie in speziellen Einrichtungen und besuchten Sonderschulen, getrennt vom Rest der Gesellschaft. Es machte den Eindruck, als ob die Menschen genug hatten vom Leid der vielen heimkehrenden Kriegsversehrten aus dem Zweiten Weltkrieg und dass eine Sehnsucht zur Normalität vorherrschte. Da hatten Menschen mit Behinderung keinen Platz – ja, sie störten nur.

Schulische Entwicklung

Die ersten vier Jahre in der Grundschule verliefen unproblematisch. Ich hatte sehr gute Noten, arbeitete aufmerksam und emsig im Unterricht mit und verfolgte meine schulischen Pflichten sehr gewissenhaft. So war es mir ein Leichtes, den Übergang in das Gymnasium am Ende der vierten Klasse zu schaffen.

Im Gymnasium begannen meine schulischen Probleme jedoch sehr schnell. Ich hatte schlechte Noten, war unkonzentriert und konnte dem Unterricht oftmals nicht folgen. Mein Vater war zu dieser Zeit beruflich sehr eingespannt und im Haus fanden einige Umbaumaßnahmen statt, die meine Mutter sehr beschäftigten. Ich konnte meinen Eltern daher meine Schwierigkeiten in der Schule ein halbes Jahr lang leicht verheimlichen. Meine Probleme in der Schule führten auch dazu, dass ich stark zunahm und mich im Rückblick als damals übergewichtiges Kind bezeichnen würde.

Ich werde nie den Tag vergessen, an dem meine Mutter in den ersten Elternsprechtag des Gymnasiums ging. Dieser Elternsprechtag gab ihr die Möglichkeit, sich bei meinen Lehrern über meine schulischen Leistungen des ersten halben Jahres zu informieren. Zu ihrer großen Überraschung fand sie heraus, dass meine schulischen Leistungen vollkommen anders, als ich es dargestellt hatte, alles andere als gut waren und mein Verbleib auf dem Gymnasium stark gefährdet war.

An diesem Abend kam meine Mutter nach Hause, setzte sich zu mir ans Bett und anstatt mit mir zu schimpfen oder mich zu tadeln, verlieh sie ihrer großen Sorge in einem ruhigen und besonnenen Ton Ausdruck, was mich sehr beeindruckte. Zum einen war da die Enttäuschung über meine schlechten Leistungen in der Schule, aber schwerer wog für sie, dass ich nicht den Mut und das Vertrauen hatte, meine Probleme mit ihr zu besprechen.

In den folgenden Tagen verbrachte meine Mutter viel Zeit mit der Schuldirektion, um eine Ausnahmegenehmigung zu erwirken, dass ich trotz meiner schlechten Noten weiter am Gymnasium bleiben durfte. Ihrer Ausdauer und ihrer Energie ist es zu verdanken, dass mir diese Ausnahme gewährt wurde.

Meine Mutter war davon überzeugt, dass ich aufgrund meiner Behinderung einen akademischen Beruf ausüben müsste, der den Einsatz meiner geistigen Fähigkeiten erforderte. Handwerkliche Berufe, für die händisches Geschick notwendig war, schieden für sie aufgrund meiner Behinderung aus. Es war meiner Mutter wichtig, dass ich mein Abitur absolvierte, was mir die Aufnahme eines Studiums möglich machen würde. Mit einem Studienabschluss würde ich gute Chancen haben, einen akademischen Beruf zu ergreifen.

Dieser Standpunkt wurde für meine Mutter eine Maxime, nach der sie in den Folgejahren ihr ganzes Streben ausrichtete. Sie war davon überzeugt, dass ich ohne einen »anständigen Beruf«, wie sie es nannte, mein Leben nicht eigenständig meistern könnte.

Eine logische Konsequenz ihrer Fixierung auf mein schulisches Fortkommen war, dass sie die Erledigung meiner Hausaufgaben täglich überwachte und ich Nachhilfeunterricht bekam, um meine schulischen Defizite aufzuarbeiten. Dies war eine sehr fordernde und konfliktreiche Zeit für mich, da ich mich in den Anfängen der Pubertät befand, wo mir die Schule nicht allzu wichtig und ich aufgrund meines Übergewichts mit meinem Äußeren sehr unzufrieden war.

Meine Bitte, etwas mehr Milde bei der Lernkontrolle walten zu lassen, ließ meine Mutter nicht gelten. Die Fokussierung auf die Schule war außerordentlich wichtig für sie. Das klingt jetzt alles sehr dirigistisch und so, als hätte mein Leben nur noch aus Schule und Lernen bestanden, aber im Rückblick würde ich sagen, dass meine Mutter lediglich ein normales Lernpensum von mir erwartet hatte. Ich war in diesem Alter verspielt, sehr mit mir selbst beschäftigt und liebte es, Freizeit mit meinen Freunden zu verbringen. Schulische Belange rangierten definitiv an letzter Stelle. Trotz des von meiner Mutter eingeforderten Lernens fand ich aber noch genügend Zeit für außerschulische Aktivitäten.

Mein Empfinden in dieser Zeit war jedoch ein anderes. Durch die Anweisungen und die Kontrolle meiner Mutter waren meine schulischen Leistungen in den ersten sieben Jahren des Gymnasiums meistens ausreichend, sodass ich es erfolgreich in die Oberstufe schaffte. In den letzten beiden Jahren meiner Schulzeit konnte ich mir unbeliebte Fächer ablegen und mich auf solche konzentrieren, die mir Spaß machten.

Ich erkannte mit zunehmendem Alter auch, dass meine Mutter Recht hatte: Eine gute akademische Ausbildung würde mir die Möglichkeit bieten, mein eigenes Auskommen zu haben und mein Leben selbst zu gestalten. Diese Einsicht brachte für mich die schulische Trendwende, die von meinen Eltern so lange herbeigesehnt wurde. Ich absolvierte das Abitur am Ende des Gymnasiums mit gutem Abschluss.

Die Schatten des Nationalsozialismus

Wie in Kapitel II beschrieben, gab es in der Zeit der nationalsozialistischen Diktatur in Deutschland von 1933 bis 1945 weitreichende Euthanasieprogramme zur Vernichtung oder zumindest zur nicht Weiterverbreitung »unwerten Lebens«, wie Menschen mit Behinderung bezeichnet wurden.

Als heranwachsender Jugendlicher begann ich, mich mit der Rolle meiner Eltern und Großeltern in der Zeit des Nationalsozialismus zu beschäftigen. Meine Eltern wurden 1928 und 1930 geboren, sodass sie diese Zeit als Kinder erlebten. Meine Großeltern wurden Anfang des 20. Jahrhunderts geboren. Ich würde nicht behaupten, dass meine Eltern oder Großeltern aktive Unterstützer der Nationalsozialisten waren, aber sie waren Mitläufer und zu einem gewissen Grad Sympathisanten.

Meine Eltern und Großeltern wurden am Kriegsende 1945 aus ihrer Heimat vertrieben und fassten als Neuankömmlinge im damaligen West-Deutschland Fuß. Meine Familie stammt aus Böhmen und Mähren, Gebiete mit deutschsprachiger Mehrheit, die nach dem Ende des Ersten Weltkriegs der damaligen Tschechoslowakischen Republik zugesprochen wurden, ein Umstand, der immer wieder zu politischen Spannungen führte. Adolf Hitler wurde von der deutschsprachigen Bevölkerung in diesen Gebieten als eine Art Heilsbringer angesehen, da er die Abtretung von Böhmen und Mähren im Jahr 1938 von der Tschechoslowakischen Republik an Deutschland international durchsetzte.

Meine Eltern und Großeltern blickten differenziert auf die Ursachen für den Aufstieg und die Machtergreifung der NSDAP und Adolf Hitlers. Es war ihrer Meinung nach auch den Unzulänglichkeiten des Versailler Vertrages mit Ende des Ersten Weltkriegs geschuldet, der Deutschland unter anderem zu weitreichenden Reparationszahlungen an die Siegermächte verpflichtete.

Besonders brisant wurden die Diskussionen, wenn es um die Euthanasiegesetze aus dieser Zeit ging. Auf meinen Vorwurf hin, wie meine Eltern ein diktatorisches System auch nur in Ansätzen verteidigen konnten, in dem ihr behinderter Sohn entweder sterilisiert, ermordet oder in eine Sondereinrichtung abgeschoben worden wäre, erhielt ich als Antwort, dass die damalige Zeit nicht so schlimm war, wie es heute dargestellt würde. Ich hätte bestimmt eine gute Anstellung in einer Schreibstube oder eine andere administrative Tätigkeit gefunden.

Ich trieb den Disput auf die Spitze, als ich meinen Eltern vorwarf, dass sie mich dem nationalsozialistischen System ausgeliefert und preisgegeben hätten, was mein Schicksal als Mensch mit Behinderung besiegelt hätte.

Meine Eltern reagierten auf diesen Vorwurf mit großer Betroffenheit und Bestürzung, weil ich ihnen unterstellte, dass sie bereit gewesen wären, mein Leben dem politischen System zu opfern. Das war aber gar nicht mein Punkt:

Ich bin der festen Überzeugung, dass meine Eltern, wenn ich in diese Zeit hinein geboren worden wäre, mich wie zwei Löwen verteidigt und sich für meine Belange eingesetzt hätten. Für mich war es aber unglaublich, dass sie vollkommen ignorierten, welche Konsequenzen die Euthanasiegesetze für mich und mein Leben gehabt hätten. Dieses Thema wurde seit der letzten Auseinandersetzung über Jahre nicht mehr angesprochen.

Wie bereits gesagt, liegt es mir fern, meine Eltern als Nationalsozialisten zu bezeichnen, aber es tat mir weh, dass sie sich meiner Meinung nach nicht auf meine Seite stellten. Für mich standen ihre Ansichten im fundamentalen Widerspruch zu der Kämpfernatur insbesondere meiner Mutter, wenn es um meine Erziehung ging. Sie tat alles dafür, dass ich »normal« aufwuchs, einen akademischen Studienabschluss erhielt und eine sichere berufliche Anstellung fand. Wie konnte sie eine solche Diktatur mit menschenverachtenden Gesetzen auch nur im Ansatz unterstützen?

Dieser Widerspich schmerzte mich und stand über viele Jahre zwischen uns: Hätten meine Eltern die gleiche Einstellung gehabt, wenn ich zur Zeit des Nationalsozialismus aufgewachsen wäre, oder hätten sie sich dem gesellschaftlichen und politischen Druck gebeugt und hätten akzeptiert, wie mit mir umgegangen worden wäre. Eine ungeheuerliche Vorstellung in meinen Augen, die mir sehr wehtat.

Jahre später griff ich als Erwachsener das Gespräch zu diesem Thema mit meiner Mutter wieder auf. Sie erklärte mir, dass unser unerbittlicher Disput sie sehr verletzt hätte, da ich in Zweifel zog, dass sie mich nicht wie eine Löwin verteidigt hätte. Sie versicherte mir, dass sie nie zugelassen hätte, dass mir in den Zeiten des Nazi-Regimes etwas zugestoßen wäre.

Ich schenkte ihr Glauben, da ich über die Jahre viele Biografien zum Umgang mit Menschen mit Behinderung in der Zeit der nationalsozialistischen Diktatur gelesen hatte, in denen Eltern mit Kindern mit Behinderung beschrieben wurden, die sich vehement für das Leben ihrer Kinder einsetzen. Es waren Geschichten mit guten und schlechten Ausgängen. Allen war jedoch ein von Angst und Verfolgung geprägtes Leben gemein und die unendliche Liebe der Eltern, egal ob diese nun das politische System der Zeit unterstützten oder nicht.

Viele Eltern nahmen es nicht hin, dass ihre Kinder mit Behinderung der Willkür des Staates schutzlos ausgeliefert werden sollten. Am Ende schloss ich

Frieden mit meiner Mutter und meinem Vater, da ich ihre hingebungsvolle Liebe mir gegenüber spürte und erfahren hatte.

Dennoch weiß ich nicht, warum sie die Euthanasiegesetze der Nationalsozialisten verharmlosten und für meinen Fall als nicht relevant abtaten. Trotz dieser unterschiedlichen Auffassungen und Sichtweisen bin ich mir sicher, dass sie in der damaligen Zeit alles Menschenmögliche getan hätten, um mich zu schützen.

Zurückweisungen in der Pubertät

Die Pubertät ist für jeden Heranwachsenden eine prägende und oftmals schwierige Phase in seinem Leben. Zum einen lernt man seine eigene Sexualität kennen, setzt sich mit seinem eigenen Körper auseinander, beginnt sich vom Elternhaus abzunabeln und seine individuellen Standpunkte zu entwickeln und andere zu hinterfragen. Es ist auch eine Zeit der Selbstzweifel, des Sich-selbst-Erfahrens und der Orientierungslosigkeit.

Für mich als Mensch mit Behinderung kam die Unzufriedenheit mit meiner äußeren Erscheinung hinzu. Mir fehlte ja nicht nur mein linker Arm, sondern die gesamte linke Schulter, was mein Aussehen unproportional erscheinen ließ. Diese Umstände, gepaart mit schlechten schulischen Leistungen, führten dazu, dass mein Gewicht in dieser Lebensphase rasant anstieg und ich übergewichtig wurde. Dies verstärkte wiederum meine Unzufriedenheit mit meinem Äußeren, sodass ich in einen wahren Teufelskreis geriet.

All dies half mir auch nicht dabei, Anerkennung bei Klassenkameraden und Bestätigung beim weiblichen Geschlecht zu finden, das mich zunehmend interessierte. Die Zurückweisungen auf meine zarten Annäherungsversuche schmerzten mich und unterminierten mein Selbstwertgefühl noch mehr.

Im Rückblick finde ich es interessant, dass ich jedoch die Annäherungsversuche von jungen Frauen in dieser Zeit oft übersah oder ignorierte. Es ist wie mit dem halb vollen Glas: Man sieht nur das, was man sehen will und für mich war das Glas halb leer.

In diesem Teufelskreis befand ich mich einige Jahre. Mein Selbstbewusstsein war in dieser Phase nicht besonders stark ausgeprägt. Hatte ich jemals Selbstmordabsichten? Nach intensiver Reflexion kann ich sagen, dass das zu keinem Zeitpunkt in meinem Leben der Fall gewesen ist. Selbst in den Zeiten der größten Selbstzweifel behielt ich meine lebensbejahende Einstellung. Ich denke, ich sah die Möglichkeiten, die sich mir eröffnen könnten, trotz meiner Einschränkungen, und letztendlich gab mir der Hort der Geborgenheit meines Elternhauses Energie und war mein Rückzugsort.

Wie bereits erwähnt, war ich mit meinem Aussehen aufgrund meiner Behinderung nicht zufrieden. Nun kam aber erschwerend – im wahrsten Sinne des Wortes – mein Übergewicht hinzu.

Ich erinnere mich noch genau an eine Gegebenheit an einem Tag im Frühjahr. Ich muss fünfzehn Jahre alt gewesen sein und die Waage zeigte einen neuen Höchststand meines Gewichts an: 75 Kilogramm und das bei einer Körpergröße von circa 170 Zentimetern!

Am selben Tag ging ich mit meiner Mutter in die Stadt, um neue Hosen zu kaufen. Dies war dringend notwendig, da sich bei meinen Hosen der Bund nicht mehr schließen ließ. So gingen wir in ein Geschäft, das spezialisiert war auf Herrenbekleidung. Der emsige Verkäufer unterstützte uns bei der Auswahl von Hosen. Schnell stellte sich heraus, dass Hosen mit meiner Beinlänge, selbst die mit weitem Bund, nicht passten. Wir mussten daher auf die übernächste Konfektionsgröße ausweichen, sodass die Hosen im Bund zwar richtig saßen, die Hosenbeine allerdings viel zu lang waren. Das ganze Prozedere sorgte für Frustrationen auf allen Seiten: Meine Mutter echauffierte sich, dass mir nichts mehr passte und nur noch überteuerte Hosen in Übergröße in Frage kämen und diese dann auch noch abgeändert werden müssten, damit die Beinlänge passte. Ich war frustriert, da die ganze Prozedur vor dem Verkäufer demütigend war und die eingeschränkt zur Auswahl stehenden Hosenmodelle nicht meinem modischen Geschmack entsprachen.

Mein Übergewicht in Verbindung mit diesem Einkaufserlebnis führte zu meinem Entschluss, den überflüssigen Kilos den Kampf anzusagen und abzunehmen. Ich zog die Reißleine und entschied, weniger zu essen. Es stand also kein ausgeklügelter Diätplan dahinter. Ich war wild entschlossen, allen kulinarischen Versuchungen – man muss dazu sagen, dass meine Mutter eine exzellente Köchin war – zu widerstehen.

Das war das erste Mal, dass meine starke Willenskraft für meine Familie und andere sichtbar wurde. Selbst zur Weihnachtszeit, zu der es selbstgebackene Kekse und allerlei Festessen gab, blieb ich standhaft und meinem Vorhaben, Gewicht abzunehmen treu.

Ich war von mir selbst überrascht, was ich alles erreichen konnte, wenn ich nur wollte. Nach einigen Monaten war mein Gewicht um circa 15 Kilogramm vermindert und es fühlte sich gut an. Es ist nun nicht so, dass ich keinen »Bauchspeck« mehr hatte, aber er hatte sich auf ein erträgliches Minimum reduziert. Diese Gewichtsreduktion gab mir die Gewissheit, Ziele mit starkem Willen erreichen zu können. Hinzu kam die Anerkennung durch meine Klassenkameraden für das Erreichte, die Möglichkeit, mich wieder uneingeschränkt sportlich zu betätigen und mich wieder in normaler Konfektionsgröße einkleiden zu können.

Das Autofahren lernen

In meiner Jugendzeit war das Erwerben eines Führerscheins noch ein Ausdruck des Erlangens von Mobilität und Freiheit. Die Fahrerlaubnis machte einen unabhängig vom öffentlichen Nahverkehr und – wenn man dann noch im Besitz eines Pkws war – steigerte das Ansehen bei anderen Mitschülern gewaltig. Plötzlich war man eine gefragte Person.

Ich hatte trotz meiner Behinderung die Ambition, eine Fahrerlaubnis zu erwerben. Allerdings gab es zunächst praktische Fragen zu klären, da zum Beispiel das Fahren eines Autos mit Gangschaltung mit einer Hand keine Option war. Pkws mit Gangschaltung waren damals weit verbreitet und quasi Standard. Das Fahren eines solchen Fahrzeugs war mir jedoch nicht möglich, da ich hierzu die rechte Hand zum Betätigen der manuellen Schaltung benötigt hätte, während die linke Hand weiterhin am Lenkrad blieb.

Ich stand somit vor der Herausforderung, eine Fahrschule zu finden, die einen Pkw mit automatischem Getriebe im Fuhrpark hatte, auf dem ich üben konnte. Das hatte damals Seltenheitswert. Fahren lernte man in der Regel mit einem Fahrzeug mit einer manuellen Gangschaltung, auf dem man auch die Prüfung ablegte. Dies berechtigte den Führerscheininhaber auch, Fahrzeuge mit automatischem Getriebe zu fahren. Umgekehrt war dies allerdings nicht möglich: Hätte man die Prüfung auf einem Pkw mit automatischem Getriebe abgelegt, fehlte einem die Berechtigung, Pkws mit manueller Gangschaltung zu fahren.

Erst nachdem ich ein gutes Dutzend Fahrschulen in meiner Heimatstadt abgeklappert hatte, fand ich eine Fahrschule, die über ein Auto mit automatischem Getriebe verfügte. Mein Fahrlehrer war sehr darauf bedacht, mir das Fahrzeug so auszurüsten, dass ich es sicher zum Üben verwenden konnte. Da es zu dieser Zeit noch keine Servolenkung gab und daher das Lenken mit einer Hand schwer möglich war, montierte er mir einen Drehknopf oder Knauf an das Lenkrad, um mir das Steuern zu erleichtern. Darüber hinaus war eine Vorrichtung erforderlich, die mir das Betätigen des Blinkers zum Anzeigen des Wechsels der Fahrbahn mit der rechten Hand ermöglichte.

Trotz dieser Hilfsmittel hatte ich gehörigen Respekt und auch etwas Angst davor, einen Pkw eigenständig zu führen. Ich war unsicher, ob es mir gelingen würde, mit meinem einen Arm sicher am Straßenverkehr teilzunehmen. Dank des Einfühlungsvermögens meines Fahrlehrers baute ich diese Unsicherheit im Laufe des Fahrunterrichts ab und fühlte mich zunehmend wohl beim Fahren.

Letztendlich bestand ich die theoretische und praktische Fahrprüfung auf Anhieb und war nun befugt, einen Pkw eigenständig zu fahren. Da meine Eltern nur einen Pkw mit manuellem Getriebe besaßen, war es notwendig, dass ich mir ein eigenes Fahrzeug, das meinen Anforderungen entsprach, zulegte. Auch hier konnte ich wieder auf die Unterstützung durch meinen Fahrlehrer bauen: Er verkaufte mir das Auto, mit dem ich geübt und den Führerschein gemacht hatte zu einem fairen Preis.

Nun war ich einer der wenigen in meiner Jahrgangsstufe, der ein eigenes Fahrzeug sein Eigen nennen konnte. Meine Popularität stieg ungemein und ich war sehr gefragt, was wiederum zur Steigerung meines Selbstwertgefühls beitrug. Wie wichtig es mir war, ein auf mich zugeschnittenes Auto zu besitzen, zeigte sich darin, dass ich nicht nur den Kaufpreis, sondern auch die laufenden Unterhaltskosten wie Steuer, Versicherung und Kraftstoff aus eigener Tasche bestritt. Um dies alles finanzieren zu können, suchte ich mir einige Jobs neben der Schule.

Studium und Beruf

Berufsausbildung und Studienbeginn

Ich bin in einem Haus mit einem großen Garten aufgewachsen. Meine Mutter war eine passionierte Gärtnerin, die einen grünen Daumen hatte und unseren Garten in ein blühendes Paradies verwandelte. Sie konnte Stunden im Grünen verbringen, um Unkraut zu jäten, Blumenbeete anzulegen und Sträucher in Form zu trimmen. Ich liebte es, ihr zur Hand zu gehen und von ihrer Erfahrung zu lernen, welche Pflanzen welchen Standort und welche Bodenbeschaffenheit benötigten.

Ich war so inspiriert von ihrer Leidenschaft, dass ich mein eigenes Pflanzenreich in meinem Zimmer gestaltete. Ein absoluter Höhepunkt war dabei, dass es mir gelang, Tomatenstöcke zu züchten und im Winter zuckersüße Tomaten zu ernten, sehr zur Freude meiner Familie.

An meinem Vater faszinierte mich, als Architekt Privathäuser zu planen und zu bauen. Ich empfand seinen Beruf als sehr verantwortungsvoll, komplex, aber auch kreativ. Da er sein Büro in unserem Haus hatte, sah ich ihn oft am Zeichentisch stehen, wie er eine Skizze für ein neues Haus anfertigte.

Es war sicherlich die Leidenschaft zur Natur, gepaart mit der Fähigkeit meines Vaters, wunderbare Zeichnungen und Skizzen anzufertigen, die mich bewog, Landschaftsarchitekt werden zu wollen. Die Aufgabe eines Landschaftsarchitekten ist es, Gärten, Parks und Grünanlagen aller Art zu planen, zu gestalten und anzulegen.

Für diesen Beruf war ein Studium an einer Universität erforderlich. Wie für viele andere Studienfächer in Deutschland, die sich einer großen Popularität und Nachfrage erfreuten, gab es einen Numerus clausus in diesem Fach, der eine Abiturnote festlegte, die erforderlich war, um einen dieser limitierten Studienplätze zu ergattern. Mein Abitur war gut, aber nicht so gut, dass ich auf Anhieb und ohne Wartezeit hätte Landschaftsplanung studieren können. Um die Zeit bis zur Studienzulassung zu überbrücken, was unter Umständen zwei Jahre hätte dauern können, überlegte ich, was ich stattdessen tun könnte.

Zur gleichen Zeit bewarb sich meine jüngere Schwester um einen Ausbildungsplatz als Industriekauffrau. Ich überlegte, ob eine Berufsausbildung für mich eine Option zur Überbrückung der Wartezeit bis zur Aufnahme des Studiums der Landschaftsplanung sein könnte. Eine Berufsausbildung wird als duales Ausbildungssystem bezeichnet, da man einen Teil seiner Ausbildungzeit an einer Schule verbringt und den anderen Teil in einem Unternehmen arbeitet. Das Arbeiten hatte den Vorteil, dass man ein Gehalt bezog.

Nach reiflicher Überlegung und einigen Diskussionen entschied ich mich, eine Berufsausbildung zum Bankkaufmann zu beginnen. Der Ausbildungsberuf interessierte mich, da ich finanzielle Belange wie Geldanlagen oder das Darlehenswesen als nützliches Wissen ansah und das Gehalt gut gebrauchen konnte, um mir mein späteres Studium zu finanzieren.

Aus der Zeit meiner Berufsausbildung ist mir ein Erlebnis in Erinnerung geblieben, das meinen weiteren Lebensverlauf stark geprägt hat:

Es ist in Deutschland gesetzlich vorgeschrieben, dass in Betrieben mit einer bestimmten Mitarbeiterzahl und einer gewissen Anzahl an beschäftigten Menschen mit Behinderung ein Beauftragter für Schwerbehinderte ernannt wird. Die Aufgabe des Schwerbehinderten-Beauftragten ist es, sich um die Belange der Mitarbeiter eines Unternehmens mit Behinderung zu kümmern und deren Interessen zu vertreten.

Ich erinnere mich noch sehr genau an mein erstes Gespräch mit dem Schwerbehinderten-Beauftragten des Unternehmens. Diese Person war ein Kriegsversehrter und ich empfand, dass er eine negative Einstellung zum Leben hatte. Meine Unterredung mit ihm verlief recht deprimierend und ernüchternd. Er haderte sehr mit dem Schicksal, ein Bein im Krieg verloren zu haben, fühlte sich in seinem Job nicht seinen Fähigkeiten entsprechend eingesetzt, aufgrund seiner Behinderung diskriminiert und hatte den Glauben daran verloren, sein Leben eigenständig gestalten zu können.

In dieser Besprechung schien es eher um ihn als um mich zu gehen. Durch dieses Gespräch wurde mir klar, dass ich mich nicht in eine Opferrolle drängen lassen wollte, um mich meinem Schicksal untätig zu ergeben. Ich war kein Bittsteller, der dankbar sein sollte, dass er in einem Unternehmen arbeiten durfte. Ich empfand es nicht als eine Wohltat oder eine Gefälligkeit der Unternehmensleitung mich zu beschäftigten. Ich hatte das Gefühl und das Verlangen, als vollwertiger Mitarbeiter und Mensch anerkannt zu werden, der in der Lage war, trotz seiner Behinderung die volle erwartete Leistung eines normalen Angestellten zu erfüllen.

Wenn dieses negative Gespräch einen positiven Effekt hatte, dann war es die Bestärkung meines Willens, mich nicht auf meine Behinderung reduzieren zu lassen und zu beweisen, dass ich mehr kann, als mir zugetraut wird.

Als ich die Berufsausbildung nach zwei Jahren erfolgreich absolviert hatte, fiel es mir schon etwas schwer, die Anstellung aufzugeben und dadurch meine finanzielle Unabhängigkeit zu verlieren.

Ich hatte mein ursprüngliches Ziel, ein Studium aufzunehmen, nicht aus den Augen verloren. Allerdings überdachte ich, welches Studium für mich das richtige sein könnte. Landschaftsplanung interessierte mich weiterhin, allerdings hatte ich während der Berufsausbildung meine Vorliebe für das Kaufmännische, die Betriebswirtschaft und die Makroökonomie entdeckt.

Nach Abwägung der Vor- und Nachteile entschied ich mich letztendlich für ein wirtschaftlich ausgerichtetes Studium. Meine Heimatstadt ist eine anerkannte Universitätsstadt und daher war die Erwartung meiner Eltern, dass ich hier studieren würde und weiterhin zu Hause wohnen würde. Mit mittlerweile zweiundzwanzig Jahren war es mir für meine persönliche Entwicklung jedoch wichtig, mir zu beweisen, dass ich auf eigenen Füßen stehen kann und fähig bin, einen eigenen Haushalt ohne Unterstützung zu managen.

Dies führte zu kontroversen Diskussionen, insbesondere mit meinem Vater, der den Nutzen des Von-zu-Hause-Ausziehens nicht erkannte, sondern es als reine Geldverschwendung abtat. Er konnte nicht verstehen, warum ich »das gemachte Nest« verlassen wollte, in dem ich mich um nichts kümmern musste, da ja meine Mutter alles für mich tat.

Das Leben zu Hause hatte mir als Heranwachsendem allerdings klargemacht, dass ich ein anderes Rollenverständnis von einem Mann in der Familie als mein Vater hatte. Seine erlernte Hilflosigkeit und die Abhängigkeit von meiner Mutter in häuslichen Angelegenheiten waren für mich nicht erstrebenswert. Vielleicht ging hier auch die Saat meiner Mutter auf, die mich an den täglichen häuslichen Arbeiten teilhaben ließ und somit mein Selbstvertrauen gestärkt hatte, auf eigenen Füßen stehen zu können.

Mein Vater machte von Anfang an klar, dass ich mit keinerlei finanzieller Unterstützung von ihm rechnen könne, wenn ich mich entschied, nicht in meiner Heimatstadt zu studieren. Die Meinung meiner Mutter war nicht weiter relevant, da mein Vater in finanziellen Angelegenheiten in unserer Familie das Sagen hatte.

Somit musste ich einen Weg finden, mir mein Studium selbst zu finanzieren, da mein Entschluss feststand, in einer anderen Stadt zu studieren. Während meiner Ausbildung zum Bankkaufmann gelang es mir, ein kleines finanzielles Polster anzulegen. Allerdings würde es nicht ausreichen, damit das gesamte Studium von vier Jahren zu bestreiten. Ich recherchierte nach staatlichen oder institutionellen Fördermöglichkeiten und beantragte schließlich eine staatliche Förderung, die unabhängig von den finanziellen Möglichkeiten meiner Eltern gewährt wurde.

Die Zusage dieser Förderung legte den Grundstein dafür, meinen Entschluss in die Tat umzusetzen und an einem anderen Ort als meiner Heimatstadt zu studieren.

Studium versus »Banker« als sicherer Job

Generell spielte Sicherheit bei meinen Eltern eine wichtige Rolle in ihrem und damit auch in unserem Leben als Kinder. Sicherheit hatte dabei verschiedene Facetten: Sicherheit in Fragen der Gesundheit, zum Beispiel keine unnötigen sportlichen Risiken einzugehen, in Fragen finanzieller Investments, zum Beispiel sahen sie Aktienanlagen als unnötiges Risiko an, und in Fragen der Berufswahl. Eine gesicherte (unkündbare) Position als Beamter bei einer öffentlichen Behörde oder eine Anstellung in der Verwaltung eines großen Unternehmens wurden als erstrebenswert angesehen.

Meine Eltern waren sehr stolz, dass es mir gelungen war, meine Ausbildung zum Bankkaufmann abzuschließen. Dies war zu dieser Zeit ein sehr begehrter und gut bezahlter Ausbildungsberuf. Die Freude war bei ihnen umso größer, als ich am Ende der Ausbildung, die ich erfolgreich absolviert hatte, von meinem Arbeitgeber eine Festanstellung angeboten bekam. Man muss dazu wissen, dass jeder Ausbildung ein auf zwei bis drei Jahre befristeter Vertrag zugrunde lag, der mit der Absolvierung der Abschlussprüfung endete. Eine Übernahme in eine Festanstellung wurde nicht garantiert.

Meine Ambitionen bestanden jedoch darin, weiter in meine Ausbildung und Qualifizierung zu investieren, um höhere Positionen im Management einzunehmen, was ohne Hochschulabschluss nur schwer zu erzielen war.

Ich glaube, meine Eltern erfüllten meine Ziele auf der einen Seite mit Stolz, aber dem stand auf der anderen Seite ihr Bestreben nach finanzieller Sicherheit entgegen. Es war die Frage, ob ich mit dem »Spatz in der Hand« zufrieden sein sollte (mit dem Beruf in der Bank) oder »nach der Taube auf dem Dach« greifen sollte (nach dem Studium an einer Universität). Wir hatten gute Diskussionen über die anstehende Entscheidung über mein Weiterkommen und letztendlich unterstützten sie mich, auch wenn wir hinsichtlich des Studienortes unterschiedlicher Auffassung waren.

Lessons Learnt

Jedes Kind wird stark von seinem direkten Umfeld geprägt. Das sind neben den Eltern die Geschwister oder der Kindergarten. In der Phase des Heranwachsens erweitert sich der Radius der Interaktion und es kommen neue Bezugspersonen hinzu, wie zum Beispiel Freunde, Lehrer und Klassenkameraden.

Die Integration von Kindern mit Behinderung in reguläre Kindergärten oder Schulen war in meiner Kindheit noch nicht sehr verbreitet, im Gegenteil: Diese Kinder wurden in speziellen Einrichtungen, wie Sonderschulen, getrennt von anderen Gleichaltrigen betreut. Das war aus zwei Gründen meiner Meinung nach nicht ideal:

Zum einen lernten diese Kinder, sich nur in einer Umgebung mit anderen Kindern mit Behinderung zurechtzufinden, was nicht der Lebensrealität entsprach. Zum anderen gab man anderen »normalen« Kindern nicht die Möglichkeit, Menschen mit Behinderung kennenzulernen, um sie für deren spezielle Bedürfnisse zu sensibilisieren. So wurde eine Möglichkeit verpasst, gegenseitiges Verständnis zu entwickeln.

Meinen Eltern war diese Trennung von Kindern mit und ohne Behinderung von vornherein suspekt. Sie wollten nicht, dass ich nur mit Kindern mit Behinderung aufwuchs, sondern waren davon überzeugt, dass ich fähig wäre, am »normalen« Leben teilzunehmen. Meine Mutter wollte meine vorschulische Erziehung allein in die Hand nehmen und somit war es nicht vorgesehen, mich in einen Kindergarten zu schicken. Man muss dazu wissen, dass keine meiner Schwestern in einen Kindergarten gegangen ist, und das Betreuungsnetz längst nicht so gut ausgebaut war wie heute.

Als es um meine Einschulung ging, insistierten meine Eltern beim Schulamt darauf, dass ich in eine reguläre Grundschule gehe. Wie bereits gesagt, das war zur damaligen Zeit nicht die Norm. Meine Eltern waren mit ihrer Forderung erfolgreich, sodass ich in eine reguläre Grundschule aufgenommen wurde.

Glücklicherweise hat die Integration in der letzten Zeit stark an Bedeutung gewonnen, immer mehr Einrichtungen, wie Kindergärten und Schulen, bieten Integrativplätze für Kinder mit geistiger oder körperlicher Behinderung an. Die Zahl der behinderten oder förderungsbedürftigen Kinder nimmt immer mehr zu und eine integrative Einrichtung, wie zum Beispiel ein integrativer Kindergarten, bietet diesen Kindern verschiedenste Förderungsmöglichkeiten und eine individuelle Betreuung. Kinder ohne Behinderung erlernen den Umgang und das Zusammenleben mit Kindern, die eine Behinderung haben. Auf diese Weise erfahren und erkennen sie die Relevanz von Toleranz und Rücksichtnahme. In integrativen Kindertagestätten kann jedes Kind nach seinem aktuellen Entwicklungsstand gefördert, aber auch gefordert werden. Durch die zahlreichen therapeutischen Angebote werden sowohl Sprachentwicklung, Motorik als auch die sozialen Kompetenzen gestärkt und weiterentwickelt.

Ein ständiger Begleiter in meinem Leben war und ist, dass man automatisch die Blicke anderer auf sich zieht, die man das erste Mal trifft.

Einige belassen es bei den fragenden Blicken, andere stellen »die eine Frage«: Was mit einem passiert sei. Ich fürchtete diese Frage, solange ich denken kann. Egal ob als Kind oder als Jugendlicher, speziell beim ersten Aufeinandertreffen mit Fremden wusste ich, dass die eine Frage im Raum stand, was denn mit meinem Arm geschehen sei oder warum ich nur einen Arm hätte. Im Kindesalter antworteten meine Eltern, wenn diese Frage gestellt wurde. Während mein Vater die Frage meist mit einem Bedauern in der Stimme beantwortete, reagierte meine Mutter überwiegend schroff und ungehalten. Wie auch immer meine Eltern antworteten, die Situation war für mich sehr unangenehm.

Als Jugendlicher war ich unabhängiger und konnte mich nicht mehr darauf verlassen, dass meine Eltern antworten würden. Nach all den Jahren habe ich noch immer kein Patentrezept, wie am besten mit diesen Fragen umzugehen ist.

Anfangs bestand meine Strategie darin, zu vermeiden, dass diese Frage überhaupt gestellt wurde. Ich versuchte, meine Behinderung zu verstecken, sodass es andere gar nicht merkten oder es ihnen nicht auffiel, dass ich nur einen Arm habe. Diese Methode funktionierte nur in den seltensten Fällen.

Eine andere Reaktion auf die Frage, warum ich denn nur einen Arm hätte, war, dass ich entweder ignorierend über die Frage hinwegging oder sehr brüsk antwortete, dass es die fragende Person nichts anginge. Mit Letzterem habe ich mein Gegenüber natürlich vor den Kopf gestoßen und mir ging es damit auch nicht besonders gut, weil es nicht meine Art ist, so schroff zu reagieren. Ich empfand diese Frage aber als Verletzung meiner Privatsphäre. Ich wollte mich nicht erklären müssen.

Oftmals hing meine Reaktion auf die Frage auch von meiner persönlichen Tagesform ab – war ich gut oder schlecht gelaunt.

Im Laufe der Jahre und im Zuge meines beruflichen Fortkommens habe ich gelernt, mit dieser Frage professioneller umzugehen. Das bedeutet, dass es mir im Laufe meines Lebens leichter gefallen ist, auf diese Frage kurz und bestimmt zu antworten.

Meist sage ich, dass ich von Geburt an nur einen Arm habe, und wusch, da ist beim Frager die Luft raus, da er wohl auf die Schilderung eines schaurigen Unfalls gewartet hat. Nichtsdestotrotz würde ich lügen, wenn ich sagen würde, dass es mir nun leichtfällt, auf diese Frage zu antworten. Ich frage schließlich auch niemanden, warum er oder sie eine so große Nase oder große Ohren hat oder unter Fettleibigkeit leidet. Ich denke, das sind sehr persönliche Dinge und man sollte es der Person selbst überlassen, ob sie darüber sprechen möchte oder nicht.

Am besten kann ich mit Leuten umgehen, die mich als »normalen Menschen« ansehen und mich nicht auf meine Behinderung ansprechen. Oft kommt das Thema in einer natürlichen Weise dann doch zu einem späteren Zeitpunkt zur Sprache, wenn es sich aus dem jeweiligen Gesprächsverlauf ergibt. Dann ist es aber auch die richtige Zeit und das Vertrauen ist von meiner Seite aus geschaffen, auf diese Frage einzugehen und sie zu beantworten. Niemand würde einem wildfremden Menschen, den er noch nie gesehen hat, sehr intime Dinge aus seinem Leben berichten.

Eine wichtige Maxime meiner Eltern war, dass ich nicht mit anderen Kindern mit Behinderung aufwuchs. Das hatte den Vorteil, dass ich mich einerseits in die »normale« Gesellschaft integrieren konnte und andererseits, dass meine Mitmenschen sich mit mir auseinandersetzen mussten.

Meine gesamte Kindheit und Jugend hindurch habe ich überall große Hilfsbereitschaft erfahren. Wenn meine Mitschüler sahen, dass ich einer Aufgabe oder Situation nicht gewachsen war, unterstützten sie mich bereitwillig und unaufgefordert.

Oftmals war mir die Hilfsbereitschaft fast unangenehm, da ich mich ja auch selbst beweisen wollte und die Herausforderungen allein meistern wollte. So musste ich lernen, höflich, aber bestimmt Hilfe abzulehnen, was nicht leicht war.

Das Ausschlagen von Hilfe wurde auch getriggert von einem gewissen Trieb des ständigen Sich-beweisen-Müssens. Ich wuchs nicht abgeschottet von der Gesellschaft in einer speziellen Einrichtung für Menschen mit Behinderung auf, sondern musste mich täglich mit nicht behinderten Menschen messen. Somit hing die Messlatte sehr hoch. Das permanente Sich-beweisen-Müssen bezieht sich auf Situationen, in denen es schwierig ist, bestimmte Tätigkeiten mit einer Hand auszuführen.

Dies ist zum Beispiel am Frühstücksbüffet eines Hotels der Fall: Häufig sind die verschiedenen Angebote am Büffettisch so eng aneinandergestellt, dass es unmöglich ist, einen Teller neben der ausgewählten Speise zu platzieren, um sich dann mit einer Hand davon zu nehmen.

Oft werde ich von anderen Frühstücksgästen angesprochen, ob sie mir dabei behilflich sein können, den Teller zu halten, während ich mich bediene. In der überwiegenden Zahl der Fälle schlage ich das Angebot freundlich aus.

Die Frage, die ich mir stelle, ist, warum mache ich das? Warum kann ich ein freundlich gemeintes Angebot nicht einfach annehmen. Muss ich mir und anderen ständig beweisen, dass ich mein Leben eigenständig und ohne fremde Hilfe bewerkstelligen kann? Ist es nicht schön, auf ein freundliches Angebot positiv zu reagieren und die Hilfe zu begrüßen? Wenn ich das Angebot annehmen könnte, würde ich die Situation für mich vereinfachen und der anderen Person bestimmt eine Freude machen.

Meine Erziehung war darauf angelegt, eigenständig aufzuwachsen. Dies in Kombination mit dem Sich-beweisen-Müssen machte es mir schwer, über meinen Schatten zu springen und Hilfe anzunehmen. Hätte ich nicht diesen Tunnelblick gehabt, hätte ich nach links und rechts geschaut, wäre mir aufgefallen, dass es in der Natur der Sache liegt, dass Menschen sich gegenseitig helfen: Wir alle haben Stärken und Schwächen, haben unterschiedliche Fähigkeiten und wir haben die kognitiven Möglichkeiten, voneinander zu lernen und uns Dinge beizubringen. Dies trifft für alle Menschen zu, unabhängig davon, ob sie eine Behinderung haben oder nicht.

Was kann ich anderen Menschen mit Behinderung in ihren jungen Jahren und deren Eltern oder ihren Erziehungsberechtigten nun mitgeben?

Die frühe Sozialisation im Kindesalter ist von prägender Bedeutung. Sie spielt eine entscheidende Rolle in der Entwicklung von Kindern. Sie bezieht sich auf den Prozess, in dem Kinder lernen, sich in ihrer Umgebung zurechtzu-finden, soziale Normen und Werte zu verstehen und Beziehungen zu anderen Menschen aufzubauen. Die Sozialisierung beginnt bereits in den ersten Lebensjahren eines Kindes und setzt sich während der gesamten Kindheit fort. Eltern, Geschwister, Verwandte, Freunde, Lehrer und andere Bezugspersonen haben alle einen Einfluss auf die Sozialisation eines Kindes.

Die Sozialisierung versetzt die Kinder in die Lage, soziale Fähigkeiten zu entwickeln, wie zum Beispiel Kommunikation, Kooperation, Empathie und das Lösen von Konflikten. Durch die Interaktion mit anderen lernen Kinder, wie man sich in verschiedenen sozialen Situationen verhält und wie man Beziehungen aufbaut und pflegt. Darüber hinaus versetzt die Sozialisation Kinder in die Lage, ihre eigene Identität zu entwickeln und ihre individuellen Interessen, Talente und Werte zu entdecken. Sie lernen, ihre eigenen Meinungen und Überzeugungen zu äußern und gleichzeitig die Meinungen anderer zu respektieren.

Die Sozialisierung trägt auch dazu bei, dass Kinder die kulturellen Normen und Werte ihrer Gesellschaft verstehen und akzeptieren. Sie lernen, wie man sich in einer Gemeinschaft verhält und welche Erwartungen an sie gestellt werden. Insgesamt ist die Sozialisierung für Kinder von großer Bedeutung, da sie ihnen hilft, sich in der Gesellschaft zurechtzufinden, Beziehungen aufzubauen und die eigene Identität zu entwickeln.

Eine positive und unterstützende Sozialisierung legt den Grundstein für ein gesundes soziales und emotionales Wachstum und ermöglicht es Kindern, zu selbstbewussten und verantwortungsbewussten Erwachsenen heranzuwachsen.

Kinder mit Behinderung merken schnell, wie mit ihnen umgegangen wird. Werden sie so »normal« wie möglich behandelt oder haben sie eine Sonderstellung, weil sich alles um sie und ihre Bedürfnisse dreht, was dazu führen kann, dass zum Beispiel die Belange von Geschwistern hintangestellt werden.

Eine Reaktion der Geschwister kann dann sein, dass sie das Kind mit Behinderung mit Missachtung bestrafen, Aggressionen entwickeln oder sich emotional von ihm abwenden. Je »normaler« Kinder mit Behinderung in das Familienleben integriert sind, desto höher ist die Akzeptanz und emotionale Bindung.

Muss das Kind beispielsweise im Rahmen seiner Fähigkeiten im Haushalt mithelfen, wie alle anderen auch, so schafft das eine positive Atmosphäre, ein Gefühl der Gleichbehandlung. Neben der positiven Wirkung auf die nicht behinderten Geschwister gibt es dem Kind mit Behinderung das Gefühl, ein aktiver, gleichwertiger Teil der Familie zu sein und keine Sonderstellung einzunehmen. Ein anderer wichtiger Aspekt für das Kind mit Behinderung ist die Reaktion der Bezugspersonen auf die Frage nach der Behinderung des Kindes:

Ist da ein Bedauern oder eine Scham in der Stimme, oder ist die Reaktion selbstbewusst und bestimmt. Das Kind mit Behinderung nimmt diese Reaktionen genau wahr und schließt daraus zum einen, wie seine Bezugsperson zu ihm steht und zum anderen lernt es, wie es selbst in solchen Situationen reagieren kann.

Natürlich entscheidet auch die Einstellung der Eltern und weiterer Bezugspersonen über den Verlauf der Sozialisierung. Da sind zum Beispiel die ängstlichen Eltern, die ihrem Kind mit Behinderung nur wenig zutrauen. Das führt nicht dazu, dass das Kind Selbstbewusstsein und Selbstvertrauen aufbaut, Dinge ausprobiert und eine lebensbejahende, positive Grundeinstellung entwickelt. Was hilft, ist eine positive Einstellung der Eltern und anderer Bezugspersonen, die sich den verschiedenen Herausforderungen lösungsorientiert stellen und dem Kind bei der Bewältigung helfend zur Seite stehen, ohne selbst aktiv zu werden. Man kann es als Hilfe zur Selbsthilfe bezeichnen.

Darüber hinaus bin ich ein Verfechter eines integrativen gesellschaftlichen Ansatzes, was bedeutet, dass Kinder mit und ohne Behinderung so weit wie möglich miteinander aufwachsen.

Das hat den Vorteil, dass beide Seiten voneinander lernen und aufeinander zugehen können. Ich lasse das Argument nicht gelten, dass die Integration die Entwicklung Kinder ohne Behinderung blockiert. Das Gegenteil ist der Fall, da gegenseitige Rücksichtnahme und Einfühlungsvermögen gelernt werden.

Natürlich sollen die Entwicklungsbedürfnisse von Kindern ohne Behinderung nicht zu kurz kommen, wenn es zum Beispiel um sportliche Belange geht. Dies lässt sich aber leicht dadurch gewährleisten, dass bestimmte Aktivitäten auch getrennt voneinander durchgeführt werden können.

Ein anderer wichtiger Aspekt ist die Fokussierung auf die eigenen Fähigkeiten und Talente des Kindes mit Behinderung. Im Grundschulalter war ich ein begnadeter Geschichtenschreiber. Ich hatte eine blühende Fantasie und konnte Erzählungen fesselnd zu Papier bringen. Meine Geschichten waren so gut, dass sie oft an das Kultusministerium meines Bundeslandes geschickt wurden und meine Lehrer meine Eltern drängten, mich an Schreibwettbewerben teilnehmen zu lassen. Meine Eltern fanden den Vorschlag nicht gut und gingen nicht darauf ein. Warum, weiß ich nicht. Ich habe mich nicht getraut, sie zu fragen.

Eine Lehre daraus ist für mich, dass ich alle dazu ermutige, es anders zu machen, und dass Eltern die Talente ihres Kindes mit Behinderung unbedingt fördern sollten. Das macht nicht nur die Eltern stolz, sondern steigert auch die

Energie und das Selbstbewusstsein des Kindes ungemein. Hier ist ein Bereich, in dem das Kind besser ist als andere (ohne Behinderung). Eine unglaubliche und unterschätzte Quelle der Energie!

Ich rate Eltern auch dringend dazu, Selbstbewusstsein im Umgang mit dem Kind mit Behinderung zu zeigen; und zwar nach innen, also dem Kind und den anderen Familienmitgliedern gegenüber, aber auch nach außen, wenn eine Interaktion mit Dritten stattfindet. Das Demonstrieren dieses Selbstbewusstsein ist von unschätzbarem Wert für das Kind und macht ihm deutlich: Es ist okay so wie ich bin.

Je nach der Schwere der Behinderung haben Eltern selbstverständlich Momente der Traurigkeit und des Selbstzweifels, ob sie die Erziehung richtig angehen. Es ist immens wichtig, diese Zweifel zu äußern und seinen Gefühlen freien Lauf zu lassen.

Hierbei ist es jedoch von Bedeutung, in welchem Umfeld das passiert. Es ist gut, das in vertrauter Umgebung zu tun, zum Beispiel mit seinem Partner oder im Gespräch mit Freunden und Freundinnen. Ich würde aber davon abraten, diese Zweifel vor dem betroffenen Kind zu äußern, vor allem nicht in seinen jungen und prägenden Jahren.

Ein weiterer wichtiger Aspekt ist meiner Meinung nach, dass Eltern sich mit anderen Eltern in ähnlichen Situationen treffen und austauschen. Es ist heutzutage dank der sozialen Medien kein Problem mehr, eine solche Selbsthilfegruppe zu finden und ihr beizutreten. Der Austausch unterschiedlicher Erfahrungen zeigt, dass man mit seinen Schwierigkeiten nicht allein ist und man von dem Verhalten und den Vorschlägen der anderen lernen kann.

Erfahrungen aus meiner Kindheit und Jugendzeit mit Anregungen zum Bessermachen

Im Folgenden illustriere ich anhand von persönlichen Erfahrungen aus meiner Kindheit und Jugend, wie ich mich in bestimmten Situationen in Bezug auf meine Behinderung verhielt.

Ich beschreibe diese Begebenheiten so genau und authentisch wie möglich. Die Beispiele schildern Situationen in unterschiedlichen Zusammenhängen, wobei die Reaktionen darauf häufig sehr impulsiv waren.

Am Ende eines jeden Erfahrungsberichts reflektiere ich das Geschehene und gebe Hinweise, was ich daraus gelernt habe oder wie eine andere Reaktion hätte aussehen können. Es gibt keine richtige oder falsche Verhaltensweise in diesem Zusammenhang. Es liegt an jedem einzelnen selbst, die richtigen Schlussfolgerungen für eine angemessene Reaktion zu ziehen, und zwar eine, die am besten zu einem passt.

Die Schnürsenkel-Challenge

Bevor ich eingeschult wurde, also im Alter von sechs Jahren, erledigte meine Mutter für mich alle praktischen Dinge, die ich nicht selbst bewerkstelligen konnte. Das betraf teilweise das Ankleiden, aber auch das Anziehen der Schuhe.

Anfang der 70er-Jahre hatten die meisten Straßenschuhe noch Schnürsenkel. Schuhe mit Klettverschluss, zum einfachen Reinschlüpfen und Schließen, waren wenig verbreitet oder wenn verfügbar, dann astronomisch teuer.

Meine Mutter war auf der einen Seite meine Rückversicherung und Stütze in meinen jungen Jahren, jemand, auf den ich mich immer verlassen konnte. Auf der anderen Seite machte ich mich durch ihre stetige Hilfe abhängig von ihr. Wenn ich das Haus mit meinen Straßenschuhen verlassen wollte, brauchte ich meine Mutter nur zu rufen und sie sorgte dafür, dass meine Schnürsenkel mit fester Schleife gebunden waren.

Meine Mutter erkannte jedoch, dass diese Rundumbetreuung nicht von Dauer sein konnte, da ich mit der Einschulung ein eigenständigeres Leben führen sollte. Es würde Situationen geben, in denen meine Mutter mir nicht mehr helfen konnte, wie zum Beispiel vor und nach dem Sportunterricht in der Schule, wenn ich meine Schuhe wechseln musste, von Straßenschuhen zu Sportschuhen und umgekehrt – mit der Schnürsenkel Challenge, versteht sich.

Zunächst war meine Motivation, das Binden der Schuhe zu erlernen, nicht besonders stark ausgeprägt. Ich war es gewohnt, dass mir meine Mutter als verlässliche Hilfe in meinem Leben stets zur Verfügung stand. Ich konnte mir nicht vorstellen, dass diese Aufgabe mit einer Hand zu bewerkstelligen war. Mir wurde von Beginn an vorgelebt, dass man zwei Hände dazu brauchte. Ich blendete komplett aus, dass mir meine Mutter in der Schule und im Sportunterricht nicht helfen konnte.

Es traf mich daher wie ein Blitz, als meine Mutter eines Tages darauf bestand, dass ich meine Schuhe selbst anziehen und auch die Schleife binden sollte: Ich

59

wollte nach draußen gehen, um mit Freunden zu spielen. Also bat ich meine Mutter, mir die Schuhe zuzubinden, was sie zu meinem Erstaunen verneinte. Sie sagte, ich solle es selbst tun. Ich war wie vor den Kopf gestoßen. Unter Tränen argumentierte ich, dass ich das nicht machen kann, weil ich nicht wusste, wie es mit einer Hand geht. Da sie mir nie gezeigt hatte, wie man Schnürsenkel mit einer Hand bindet, bestärkte es mich in dem Glauben, dass es unmöglich war, es selbst zu machen. Sie ließ das Argument nicht gelten und entgegnete nur, dass ich es ja irgendwann einmal lernen müsse.

Sie verließ die Garderobe, ging in die Küche und schloss die Tür. Nun war ich auf mich allein gestellt. Krampfhaft versuchte ich, mit einer Hand eine Schleife zu binden, was anfangs komplett misslang. Nach langen, mühsamen Versuchen gelang es mir zumindest, eine lose Schleife zu binden, die beim Gehen jedoch nicht lange hielt und wieder aufging. Dieses kleine Erfolgsergebnis gab mir jedoch so viel Auftrieb, dass ich dachte, dass es doch möglich sein musste, es selbst zu tun.

Meine Mutter kam daraufhin aus der Küche zu mir und lobte meine Anstrengungen. Ich sollte ihr nun zeigen, wie ich eine Schleife band. Sie erlernte meine Technik und zeigte mir, wie man es verbessern konnte und wie man eine Schleife fester bindet, zum Beispiel durch eine Doppelschleife.

Es war ein harter, langer Lernprozess für mich. Es war an der Zeit für mich zu lernen, auf eigenen Füßen zu stehen, da mir meine Mutter als »Rundum-Versorgerin« nicht immer zur Verfügung stehen würde. Es war ein erster Schritt zu einem eigenständigeren Leben und, was vielleicht noch viel wichtiger war: Dieses Erfolgserlebnis gab mir etwas Selbstvertrauen und Selbstsicherheit, was ich für mein Leben so dringend benötigte.

Reflexion: Ich kann Eltern nur ermutigen, ihren Kindern früh genug beizubringen, Dinge eigenständig zu machen. Es sollte idealerweise ein begleiteter Prozess sein, in dem man dem Kind graduell mehr Verantwortung überträgt. Meine Mutter hätte mich in diesem Beispiel ermuntern können, es selbst zu versuchen, mir die Schnürsenkel zuzubinden oder mir anbieten können, dass wir es gemeinsam erlernen, es mit einer Hand zu tun. Es wäre ein gemeinsamer Lernprozess gewesen, der, so denke ich, zum selben Ergebnis geführt hätte, aber nicht so emotional gewesen wäre, wie es bei mir gewesen ist.

Fehlende Rückendeckung

Es war an einem schönen, sonnigen Frühlingstag an einem Wochenende. Die Natur begann, sich einen zartgrünen Anstrich zu geben, die Vögel zwitscherten vergnügt und die Sonne hatte langsam die Kraft, die Kälte aus den feuchten Böden zu saugen.

Ungefähr an jedem zweiten Sonntag im Monat machten mein Vater und ich einen ausgiebigen Waldspaziergang. Wir fuhren meist mit dem Auto eine gute halbe Stunde aus der Stadt heraus, um einen neuen Wanderweg zu erkunden. Ich fand diese Wanderungen schön, da sie zu den wenigen Momenten gehörten, an denen ich meinen Vater für mich allein hatte.

Es störte mich dabei nicht, dass wir entweder wenig miteinander sprachen oder aber Themen fanden, wie zum Beispiel über die Leistung unseres lokalen Fußballklubs zu diskutieren oder wie es mir in der Schule ging. Als ich älter wurde, kamen Themen wie Politik hinzu (wir hatten sehr unterschiedliche politische Auffassungen).

Auf diesen Wanderungen kamen uns öfters andere Spaziergänger entgegen. Die unangenehmsten Momente waren für mich, wenn sich uns auf einer geraden Strecke andere Spaziergänger langsam näherten. Je näher sie uns kamen, desto fixierender lasteten ihre Blicke auf mir. Erst sich still fragend »Kann es sein, dass mit diesem Jungen etwas anders ist?«, dann schockiert »Oh, echt, der Junge hat wirklich nur einen Arm?« und am Ende irritiert bis hin zu einem innerlich leicht bedauernden »Ist ja schrecklich, die armen Eltern, der arme Junge!«.

Nachdem die Passanten so stierend an uns vorbeigelaufen waren, drehten sich manche nochmals aus sicherer Distanz um und sinnierten: »Habe ich das jetzt richtig gesehen? Lass mich noch einmal genauer hinschauen!« Wenn ich mich umdrehte und ihre Blicke erwiderte, reagierten sie meist peinlich berührt.

Es gab aber auch die Leute, deren Wissbegierde so groß war, dass sie auf gleicher Höhe mit uns stehen blieben und fragten: »Ach herrje, das ist ja schrecklich, dass der Junge nur einen Arm hat.« Mein Vater reagierte meist nicht, wir liefen einfach weiter und ließen die Spaziergänger konsterniert zurück. Dann kam der Gesprächsfluss zwischen meinem Vater und mir für einige Zeit zum Erliegen. Wir redeten nicht über das Erlebte, wanderten weiter und nahmen nach einiger Zeit den Faden unserer ursprünglichen Unterhaltung wieder auf.

In seltenen Fällen gab es impertinente Menschen, die unser Schweigen nicht als adäquate Antwort auf ihre Frage gelten ließen. Sie stellten sich uns entweder in den Weg, sodass wir nicht an ihnen vorbeigehen konnten, oder sie drehten um und kamen uns nachgelaufen, um die nächste Frage zu stellen: »Wie hat denn der Junge seinen Arm verloren?« Die Fragen wurden meist an meinen Vater gerichtet. Vielleicht hielt man mich nicht nur für körperlich, sondern auch für geistig behindert und daher für unfähig, selbst zu antworten.

Diese Momente überforderten meinen Vater, der diese Situation oder besser gesagt Konfrontation als sehr unangenehm empfand. Er antwortete dann meist mit leiser, niedergeschlagener Stimme, dass ich von Geburt an nur einen Arm hätte.

Die Fragenden reagierten überrascht, aber auch sichtlich enttäuscht über die Antwort. Ich vermute, dass die meisten eine schockierende, tragische Geschichte erwarteten und nicht ein banales Ein-Satz-Statement. Nachdem ihre Neugierde befriedigt war, drückten sie oft ihr Bedauern und Mitleid aus, nicht mit mir, sondern mit meinem Vater. Er hätte ein schweres Los gezogen, das sei ja so bedauerlich für ihn, und ähnliches bekamen wir zu hören. Oft nickte mein Vater nur stumm.

Wenn mein Vater und ich anschließend weiterliefen, waren die Gesprächspausen zwischen uns meist länger und mein Vater war für einige Zeit sichtlich betrübt.

Reflexion: Es gibt kein Richtig oder Falsch im Umgang mit diesen Fragen. Offensichtlich waren sie meinem Vater unangenehm und er wollte das Antworten vermeiden. Wenn er sich dann doch genötigt sah, etwas zu erwidern, tat er es kurz und knapp. Seine Körpersprache verriet jedoch, dass ihn diese Fragen ins Mark trafen und ein Gefühl der Trauer ans Licht brachten. In jungen Jahren ging es mir dabei schlecht und ich fühlte mich oft für sein Leid verantwortlich, da ich ja behindert und die Ursache seines Leides war.

Als ich älter wurde, empfand ich auch Wut und Enttäuschung über die Reaktion meines Vaters. Wie sehr hätte ich mir gewünscht, dass er diese Fragen selbstbewusst beantwortet, wie »Ja, er hat nur einen Arm und ich bin stolz auf ihn.« Wenn dann weitere Fragen gekommen wären, hätte er erwidern können »Wissen Sie was, mir reicht es jetzt. Lassen Sie uns gefälligst in Ruhe.« Das hätte mir das Gefühl gegeben, von ihm geschützt zu werden und seine volle Rückendeckung zu bekommen.

Bis zum heutigen Tage weiß ich nicht, was eine angemessene Antwort auf diese Art von Fragen ist. Mein Rat aus heutiger Sicht ist, dass sich Eltern mit ihrem Kind mit Behinderung auf ein Repertoire an Standardantworten einigen, wenn das Kind alt genug ist. Es ist wichtig, dass sich die Eltern mit ihrem Kind abstimmen und das Kind mit den Antworten einverstanden ist.

Die Antworten wandeln sich im Laufe der Zeit und machen eine kontinuierliche Abstimmung erforderlich. Es geht darum, dass nicht nur über das Kind mit Behinderung gesprochen wird, sondern mit ihm. Mit dem Heranwachsen des Kindes wird dieser Abstimmungsprozess immer wichtiger. Wie immer sich Eltern mit ihrem Kind arrangieren, es hilft dem Kind später, seine eigene Strategie zu entwickeln, wie es auf solche Fragen reagiert.

Als Elternpaar mit ihrem Kind über Gefühle zu reden, ist sehr wichtig. Egal, wie Eltern auf Fragen Dritter reagieren, diese Auseinandersetzung wühlt nicht nur das Kind, sondern auch die Eltern auf. Emotionen zu zeigen und auszudrücken, wie sich Eltern und Kind dabei fühlen, ist immens prägend und hilft, Erlebtes zu verarbeiten.

Das Dilemma mit der Armprothese

Als Kind bin ich ziemlich frei von Zwängen aufgewachsen. Auch wenn es ein paar häusliche Pflichten gab, die es zu erfüllen galt, konnte ich meinen Tagesablauf nach eigenem Gusto gestalten. Spielen mit meinen Geschwistern und Freunden, insbesondere im Freien, bestimmten meinen Tagesablauf vor der Schulzeit.

Das änderte sich, als ich in die Schule kam und mehr mit Hausaufgaben beschäftigt war, doch ich verbrachte weiterhin so viel Zeit wie möglich an der frischen Luft. Auch wenn mir ein Arm fehlte, empfand ich wenig körperliche Einschränkungen. Ich machte mit meinen Freunden Wettrennen, wir spielten Verstecken, sammelten Kräuter oder Steine, fuhren Fahrrad und bauten im Regen Staudämme aus Geröll und Sand. Nur beim Klettern auf Bäume erreichte ich mein Limit.

Außer Routinebesuchen beim Kinderarzt, zum Beispiel für Impfungen, war ich wegen meiner Behinderung nicht in spezieller ärztlicher Behandlung. Ich denke, es muss mit meiner bevorstehenden Einschulung in Zusammenhang gestanden haben, dass meine Mutter nach der absolvierten Schuluntersuchung meine Körperhaltung begutachtete. Zu diesem Zweck bat sie mich, ein Stück vor- und zurückzugehen. Dabei beobachtete sie, dass ich keine gerade Haltung einnahm, sondern leicht nach rechts geneigt lief, was wohl mit meinem asymmetrischen Körperbau zusammenhing.

Das beunruhigte meine Mutter, sodass sie es für erforderlich hielt, einen Termin bei einem Orthopäden im Klinikum meiner Heimatstadt zu vereinbaren. Der Orthopäde inspizierte mich aufmerksam und kam zu dem Ergebnis, dass meine Körperhaltung aufgrund meines fehlenden Arms nicht der Norm eines geraden Gangs entsprach. Er meinte, dass dies zu erheblichen Schäden der Hüfte und zu einer Fehlbildung des Rückgrats führen würde. Um einen geraden und aufrechten Gang zu unterstützen, plädierte er dafür, eine Armprothese zu tragen, die für ein ausgleichendes Gegengewicht auf der linken Seite sorgte.

Interessanterweise ging es in dem Gespräch weniger darum, dass mir eine Prothese möglicherweise das Leben erleichtern würde, da ich einen zusätzlichen Arm zur Verfügung hätte.

Die Technologie für Prothesen in den 70er-Jahren war noch nicht so ausgefeilt wie heute. Dennoch konnte der künstliche Arm angehoben, gebeugt und gedreht werden. Es war möglich, die Hand zu drehen, einzelne Finger zu bewegen und die Stärke des Griffs zu koordinieren. Meine Mutter und ich malten uns aufgrund dieser Eigenschaften aus, dass mein Leben leichter werden würde: Ich würde Gegenstände mit der Prothese halten können, um mit meiner rechten Hand die Feinarbeiten zu machen, zum Beispiel beim Kartoffelschälen oder beim Bauen von Häusern für meine Modelleisenbahn. So war ich guter Dinge, als eine für mich passende Prothese angefertigt wurde.

Nach einigen Wochen war es so weit: Wir besuchten den Arzt, um die maßangefertigte Armprothese anzulegen. Ich war nervös, aufgeregt und voller Vorfreude. Die Prothese wurde mit einem Lederkorsett um meinen Brustkorb enganliegend zugeschnürt. An diesem Korsett war dann der künstliche Arm befestigt. Ich konnte die Prothese mit den vorher beschriebenen Eigenschaften mit meinem mobilen linken Schulterknochen über einen Knopf bedienen. Um die Bewegungen auszuführen, benötigte die Prothese Pressluft, die über ein Kabel von einem Druckbehältnis zugeführt wurde, das ich bei mir trug.

Nun war es an der Zeit, die Prothese zu testen. Anfangs war es cool, meinen zweiten Arm im alltäglichen Leben einzusetzen. Das Schwierige war, die richtige Zugriffsstärke der Finger zu koordinieren. Es konnte leicht passieren, dass ich eine Kartoffel oder einen Apfel zerdrückte, weil ich den Druck der Finger nur unzureichend koordinierte.

Der Nachteil der Prothese war, dass ich, besonders an warmen Tagen, im Lederkorsett stark schwitzte und meine körperliche Bewegungsfreiheit im hohen Maße eingeschränkt war. Für Wettrennen mit Freunden und andere sportliche Aktivitäten erwies sich der künstliche Arm als hinderlich. Meine anfängliche Euphorie und Zuversicht hinsichtlich der Prothese waren sehr bald verflogen, da ich die Einschränkungen als schwerwiegender ansah als die Vorteile.

Meine Mutter wollte die Flinte nicht so schnell ins Korn werfen, doch meine Unzufriedenheit wuchs täglich. Sie hatte ein Einsehen und gab meinem Drängen nach und teilte in meinem Beisein dem behandelnden Arzt ihre Entscheidung mit, dass ich die Prothese nicht länger tragen würde.

Der Arzt reagierte mit großem Unverständnis auf ihren Entschluss, nannte meine Mutter verantwortungslos, da sie meine Gesundheit und die Entwicklung einer geraden Körperhaltung aufs Spiel setze. Trotz des immensen Drucks des Arztes, ihre Entscheidung zu überdenken, blieb meine Mutter standhaft. Es war das letzte Mal, dass ich mit einer Prothese im Kontakt war.

Meine Körperhaltung hat sich normal entwickelt und ich trage bisher keine Schäden davon, dass ich keine Armprothese benutze.

Reflexion: Die Qualität der heutigen Prothesen ist nicht mit der vor fünfzig Jahren zu vergleichen. Dennoch sollte bei einer Entscheidung über das Tragen einer Prothese eine realistische Abwägung der Vor- und Nachteile vorgenommen werden. Es ist ähnlich wie mit dem Einsatz von Medikamenten, die eine gewünschte, aber auch unerwünschte Nebenwirkungen haben. Ich sehe zum Beispiel einen großen Nutzen in Beinprothesen, die einem Menschen mit Behinderung die Fortbewegung erleichtern. Vielleicht ist es als nicht Betroffener aber auch anmaßend, sich ein Urteil zu erlauben, da nur der Betroffene selbst das beurteilen kann.

Ich wünsche mir, dass Ärzte ihren Rat bei der Entscheidung nicht nur auf die rein medizinische Sicht beschränken, sondern mit mehr Weitsicht agieren und andere Aspekte des Lebens miteinbeziehen. Die Einrichtung interdisziplinärer Beratungsstellen wäre hilfreich, um Eltern und betroffene Kinder objektiv zu beraten und sie bei ihrer Entscheidung zu unterstützen. Ich bin meiner Mutter sehr dankbar, dass sie sich dem Druck des Arztes nicht gebeugt hat.

Hänseleien auf dem Schulhof

Meinen Eltern war es wichtig, dass ich auf eine normale Schule und nicht in eine Sonderschule mit anderen Kindern mit Behinderung ging. Es zieht sich wie ein roter Faden durch meine Kindheit und Jugend, dass es das Ziel meiner Eltern war, mich möglichst in einem »normalen« Umfeld mit Nichtbehinderten aufwachsen zu lassen.

Das spielte mir manches Mal in der Schule in die Hand, da ich für ungeliebte Dinge, die ich nicht erledigen wollte, meine Behinderung als Ausrede anbrachte, diese nicht tun zu müssen. Das betraf zum Beispiel das Aufräumen des Klassenzimmers am Ende eines Schultages oder das Putzen der Tafel in Vorbereitung für die nächste Schulstunde. Oft kam ich bei den Lehrern und bei meinen Klassenkameraden damit durch.

In gewisser Weise wollte ich von meiner Behinderung profitieren, um bei ungeliebten Aktivitäten einen Rückzieher zu machen. Ich wollte mich also bewusst nicht in die Gemeinschaft integrieren und meinen »Exoten-Status« beibehalten. Meine Mitschüler beobachteten mein Verhalten genau und irgendwann durchschauten sie meine Rosinenpickerei.

Das gipfelte darin, dass sich eine Gruppe meiner Mitschüler zusammentat, mich im Schulhof umkreiste und mich hänselte: Ich wurde von einer Seite auf die andere geschubst, als »einarmige Missgeburt« und »Kameradenschwein« beschimpft, das sich vor den gemeinschaftlichen Aufgaben drückte. Es war eine Situation, die mich sehr unglücklich machte und mich verletzte. Ich fühlte mich gemobbt und ausgegrenzt. Die Schuld lag meiner Meinung nach bei den anderen, nicht bei mir. Diese Hänseleien bedrückten mich und bestärkten mich in meiner Opferrolle.

Meine Mutter konnte mir erst Tage später entlocken, was sich zugetragen hatte, da sie merkte, dass ich niedergeschlagen und betrübt war. Ich erzählte ihr meine Version der Geschichte, nämlich dass ich ohne Grund und nur wegen meiner Behinderung auf dem Schulhof von Mitschülern gemobbt und gehänselt wurde.

Meine Mutter war sehr betroffen von meinen Erzählungen und suchte das Gespräch mit meiner Klassenlehrerin, die versprach, sich sogleich darum zu kümmern. Die Lehrerin sprach daraufhin zuerst mit mir und dann separat mit den von mir genannten Mitschülern, um den Geschehnissen auf den Grund zu gehen. Sie hörte zwei Versionen der Geschichte. Sie brachte daraufhin meine

Mitschüler und mich zusammen, um das Vorkommnis zu besprechen. Meine Mitschüler erklärten, dass sie mich zur Rede stellen wollten, da ich die gemeinsamen Pflichten nicht wie alle anderen Schüler übernahm. Ich ließ das Argument nicht gelten und sagte, dass meine Mitschüler mich aufgrund meiner Behinderung gehänselt und sich über mich lustig gemacht hätten.

Das Gespräch endete ergebnislos mit verhärteten Fronten. Meine Lehrerin sprach erneut mit beiden Seiten getrennt voneinander: Im Dialog mit mir sagte sie, dass sie sehr wohl erkenne, dass ich gewissen gemeinschaftlichen Tätigkeiten mit Verweis auf meine Behinderung nicht nachkomme, obwohl ich es ihrer Meinung nach problemlos tun könne. Im Gespräch mit meinen Mitschülern sagte sie, dass sie ihr Anliegen hinsichtlich meiner Passivität für gemeinschaftliche Pflichten in einer nicht akzeptablen Weise vorgebracht hätten. Sie gab uns allen Zeit, über das Gesagte nachzudenken, bevor wir in einer weiteren Aussprache wieder mit unserer Lehrerin zusammenkamen.

Ich verstand, dass mein Verhalten unkameradschaftlich war und meine Mitschüler sahen ein, dass sie ihre Kritik an mir in einer nicht respektvollen Art und Weise geäußert hatten. Alle Beteiligten entschuldigten sich für ihr Verhalten und gelobten Besserung, was wir auch einhielten. Ich nahm meinen Teil der gemeinschaftlichen Pflichten ab sofort wahr und die Hänseleien meiner Mitschüler gehörten der Vergangenheit an.

Reflexion: Meine Lehrerin ist mit diesem Konflikt sehr professionell und abgeklärt umgegangen. Sie verstand es, in Einzelgesprächen die verfahrene Situation zu entschärfen und uns zum Nachdenken zu motivieren. Es brauchte so vielleicht mehr Zeit, um den Streit beizulegen, doch der Lernprozess war grandios für uns alle.

Das Erlernen von Radfahren und Schwimmen

Sportliche Aktivitäten nahmen in meinem Leben mit zunehmendem Alter eine immer wichtigere Rolle ein. Obwohl es mir als Kind zunächst schwerfiel, mich auf Sport einzulassen. Nun aber der Reihe nach.

Das Erlernen des Fahrradfahrens gehörte zum Heranwachsen in meiner Kindheit mit dazu. Nun war es für mich kein Problem, als Kind auf einem Dreirad oder einem vierrädrigen Gefährt zu fahren, da es sich in einer natürlichen Balance befand. Anders beim klassischen Zweiradfahren, wo ich mit meinem Körper die Balance herstellen musste, um nicht umzukippen. Um mir das Lernen des Radfahrens zu erleichtern, befestigten meine Eltern zunächst am hinteren Rad links und rechts Stützräder, die für eine ausreichende Balance ohne mein Zutun sorgten. Mit diesem »Trick« überwand ich meine Scheu, auf das Fahrrad zu steigen.

Als ich mich sicher genug fühlte, kam der entscheidende Schritt, die Stützräder abzunehmen und durch mein Ausbalancieren das Fahrrad in der Spur zu halten. Die Angst davor war groß: Man stelle sich vor, dass ich den Lenker des Fahrrads nur auf der rechten Seite mit einer Hand halten konnte und so war meine Gewichtsverteilung mehr rechtslastig und nicht auf beiden Seiten gleich. Insbesondere mein Vater hatte eine Engelsgeduld, mit mir zu üben.

Mit viel Fleiß und oft mit Stürzen verbunden, erlernte ich das Fahrradfahren. Ich war darauf stolz wie ein Honigkuchenpferd und bald in der Lage, mit meinen Freunden über die Straßen zu jagen.

Der Erfolg des Fahrradfahren-Lernens beflügelte mich, die nächste Herausforderung anzunehmen, nämlich das Schwimmen zu erlernen. Der klassische Schwimmstil für Anfänger ist das Brustschwimmen. Hierbei bewegt man sich auf dem Bauch wie ein Frosch im Wasser fort. Soweit die Theorie, aber die Praxis sieht für jemanden mit einem Arm natürlich anders aus.

Als meine Eltern mich zur Teilnahme an einem Schwimmkurs anmelden wollten, war meine erste Reaktion euphorisch, da ich Wasser liebte und davon träumte, mich im tiefen Wasser in einem See oder Schwimmbad ohne Hilfsmittel wie Schwimmflügel oder Schwimmreifen fortzubewegen.

Je näher ich dem Beginn des Schwimmkurses kam, desto größer wurden meine Bedenken: War ich mit einem Arm überhaupt in der Lage, mich über Wasser zu halten und bestand nicht die Gefahr, dass ich mich im Kreis drehte, anstatt vorwärts zu schwimmen, da mir nur mein rechter Arm zum Schwimmen zur Verfügung stand? Meine Eltern entgegneten, dass sie erfahren hätten, dass sogar Menschen ohne Arme in der Lage sind zu schwimmen. Ich müsse mir also keine unnötigen Sorgen machen.

Auch wenn das nicht alle meine Befürchtungen wegwischte, so überwog doch die Freude auf den bevorstehenden Schwimmkurs. Bis zu dem Moment, an dem ich realisierte, dass ich beim Schwimmen nur mit einer Badehose bekleidet wäre. Mein gesamter Oberkörper wäre nackt, so dass jedem sofort meine Behinderung ins Auge stechen würde. Ich wäre fragenden und irritierten Blicken ausgesetzt. Alle Augen wären auf mich gerichtet. Das war so gar nicht das, was ich wollte, da ich immer versuchte, meine Behinderung zu verstecken, um nicht aufzufallen. Ich überlegte, beim Schwimmen ein T-Shirt anzulassen, doch es würde durchnässt werden und sich wie eine zweite Haut anfühlen. Keine gute Verkleidung. Diese Bedenken verdrängten die anfängliche Vorfreude und ich war jetzt nicht mehr sicher, ob ich wirklich am Schwimmkurs teilnehmen wollte.

Meine Eltern spürten, dass eine Veränderung in mir vorgegangen war, da ich zögerte. Von Euphorie keine Spur mehr. Auf ihre Nachfrage, was denn sei, war ich nicht ehrlich, sondern suchte Ausreden durch generelle Einwände wie, dass das Wasser zu kalt sei, dass ich niemanden kennen würde oder dass ich doch gar keine Zeit für einen Schwimmkurs hätte.

Meine Eltern durchschauten meine Ausflüchte. Sie fragten mich direkt, ob meine Angst von meiner Behinderung hervorgerufen würde, was ich zunächst verneinte, kurze Zeit später jedoch unter Tränen bejahte.

Sie versuchten, mir gut zuzureden, dass ich doch ein »ganz normaler Junge« sei, dem halt ein Arm fehlt, dass ich eine attraktive Erscheinung wäre und dass sich die anderen an mein »Aussehen« schnell gewöhnen würden. Das alles überzeugte mich nicht, doch ich wusste, dass meine Eltern meine Einwände nicht gelten lassen würden. Somit blieb mir nichts anderes übrig, als mich meinem Schicksal zu ergeben.

Am Tag des Schwimmkurses machte meine Mutter sich mit mir auf den Weg zur Schwimmhalle. Wir registrierten unser Kommen an der Rezeption und gingen in den Umkleideraum. Dieser war mit Jungs meines Alters gut gefüllt und ich steuerte auf eine entlegene Umkleidekabine am Ende des Korridors zu.

Mein ganzes Bestreben war es, nicht aufzufallen. Doch ich fiel bereits dadurch auf, dass mich meine Mutter begleitete. Ich drückte mich eng an die Kabinentür, als ich mich umzog und zeigte nur meine rechte Seite, also die mit meinem Arm. Aufgrund des Trubels ging meine Anwesenheit völlig unter und niemand nahm von meiner Behinderung Notiz. Natürlich wusste ich, dass es nur eine Frage der Zeit war, wann mein »Geheimnis« gelüftet würde. Ich ließ mir mit dem Umziehen viel Zeit, sodass ich der Letzte war, der von der Umkleidekabine in die Schwimmhalle ging: Es gab kein Entkommen, ich fühlte mich wie auf dem Weg zum Schafott.

Als ich fast an der Tür zur Schwimmhalle angekommen war, sah ich einen körperlich gut trainierten Mann in Badehose auf mich warten. Er schaute mich freundlich und unvoreingenommen an. Keine Reaktion der Verwunderung, des Schocks oder des Entsetzens war auf seinem Gesicht zu sehen. Ein Verhalten, das mir surreal erschien. Er sagte nur: »Hallo, ich bin Thomas, dein Schwimmlehrer, und du musst Martin sein!?« Ich bejahte kurz mit einem zu Boden gesenkten Blick. Er fuhr fort: »Ich freue mich, dass du an unserem Schwimmkurs teilnimmst. Es wird viel Spaß machen und du wirst eine Menge lernen.«

Er machte eine kurze Pause und als ich nichts erwiderte, fuhr er fort: »Auch wenn du einen Arm hast, wird es einfach für dich sein, das Schwimmen zu erlernen. Du bist von Geburt an nichts anderes gewöhnt, als alles mit einer Hand zu machen. Du wirst daher deine eigene Technik entwickeln, dich im Wasser fortzubewegen. Ich werde dir mit Rat und Tat zur Seite stehen. Du wirst das großartig machen.«

Ich nickte zaghaft, auch wenn ich von dem Gehörten nicht überzeugt war. Thomas sprach weiter: »Ich schlage vor, dass wir zusammen in die Schwimmhalle zu den anderen gehen. Ich werde alle begrüßen und dich vorstellen. Du kannst deinen Namen sagen, und ich werde sagen, dass du Teil der Gruppe bist, von Geburt an einen Arm hast und das Schwimmen erlernen willst. Oder willst du das selbst sagen?« Ich erwiderte, dass es okay für mich ist, wenn er es anspricht und nicht ich.

Irgendwie fiel mir aber ein Stein vom Herzen! Ich wusste, dass das Unvermeidliche gleich geschehen würde, wenn ich die Schwimmhalle betrat und alle Blicke auf mich gerichtet wären. Anstatt mich den quälenden Blicken auszusetzten und auf die Fragen zu warten, wie »Warum hast du nur einen Arm?«, gefiel mir der Gedanke, dass mein Schwimmlehrer Thomas das gleich ansprechen würde.

So kam es dann auch: Für kurze Zeit waren in der Tat alle Blicke auf mich gerichtet, doch mit Thomas' Erklärung nahm das Interesse an mir schnell ab, zumal er auch keine Reaktion abwartete, sondern gleich zur Tagesordnung überging und das Programm startete.

Dieses Erlebnis war für mich sehr einprägsam, da ich den positiven Effekt sah, Dinge proaktiv anzusprechen und so den unvermeidlichen Fragen zuvorzukommen. Es vergingen allerdings noch einige Jahre bis ich das nötige Selbstwertgefühl und Selbstbewusstsein hatte, diese Herangehensweise auch umzusetzen.

Reflexion: Wenn wir auf neue Herausforderungen treffen und neue, ungewohnte Dinge lernen sollen, werden wir aus unserer Komfortzone gepuscht. Die menschliche Natur ist so veranlagt, dass sie Routinen und vertraute Aktivitäten wertschätzt, da diese eingeübt sind und wenig Energie und Anstrengung benötigen. Von daher ist es menschlich, auf Veränderungen zunächst mit Abwehr und Einwänden zu reagieren und zahlreiche Gründe anzuführen, warum man sich darauf nicht einlassen kann.

Genau das gleiche Phänomen spielte sich in meinem Kopf ab, als es um die Herausforderung des Fahrradfahren-Lernens ging. Hinzu kamen offensichtliche Vorbehalte, dass es mir aufgrund meiner Behinderung ja gar nicht möglich sei, das Radfahren zu lernen.

Meiner Meinung kann man diese Barrieren im Kopf mit folgenden Regeln überwinden:

1. Klarheit: Es gibt keine Möglichkeit, sich nicht der Herausforderung zu stellen. Kneifen gilt nicht!
2. Erfolg: Kleine Erfolge geben Vertrauen in die eigenen Fähigkeiten, wie das Fahren mit Stützrädern, und motivieren, mehr zu erreichen.
3. Unterstützung: Das Anbieten von Hilfe ist wichtig, sie muss aber angefordert werden. Mein Vater war immer da, er stand mir mit Rat und Tat zur Seite.
4. Feiern: Das klingt banal, ist aber immens wichtig, da es die Anerkennung des Erreichten signalisiert und Selbstbestätigung gibt.

»Bonding Time«

»Bonding Time« ist eine gemeinsame Zeit, in der sich Verbundenheit und Vertrauen entwickelt; sie kann auch durch gemeinsame Aktivitäten und Hobbies erzeugt werden.

Eine meiner großen Leidenschaft in meiner Kindheit war die Unterstützung des Fußballvereins meiner Heimatstadt. Eine Passion, die ich mit meinem Vater teilte. Es waren glückliche Stunden, jeden zweiten Samstag die Heimspiele im Stadion zusammen mit ihm zu besuchen. Die Prozedur war jedes Mal die gleiche: Mein Vater und ich fuhren mit dem Auto zum Stadion, parkten, kauften die Tickets für unsere Stehplätze und gingen ins Stadion.

Mit großem Stolz trug ich den von meiner Mutter gestrickten Schal in den Farben des Vereins blau, weiß und schwarz. Sobald wir unsere Plätze erreicht hatten, zündete sich mein Vater seine erste Zigarillo an und rauchte sie, weil er nervös war und auf den Beginn des Spiels wartete. Es war nicht die einzige Zigarillo, die er rauchte. Auch wenn ich als Jugendlicher mit Rauchen nichts am Hut hatte, liebte ich den vertrauten Geruch des Rauchs. Ich habe ihn heute noch in der Nase.

Wir fieberten zusammen neunzig Minuten lang, ob unser Verein das Spiel gewinnen würde. Wir freuten uns und lagen uns in den Armen, wenn unsere Mannschaft ein Tor erzielte und wir litten, wenn ein Spiel nicht lief und verloren wurde. Wir stimmten zusammen mit den anderen Fans in die unterstützenden Sprechgesänge ein.

In der Halbzeitpause bahnten wir uns den Weg zum Bratwurststand. Wir aßen Bratwürste, ich bekam meine Limonade und mein Vater trank ein Bier. All diese wiederkehrenden Rituale und das emotionale Miteinander machten den Besuch dieser Fußballspiele besonders für mich. Es gab mir ein Gefühl der Vertrautheit, der Innigkeit mit meinem Vater und auch ein Gefühl, ihn einige Stunden ganz für mich allein zu haben.

Reflexion: Damals wie heute leben wir in einer schnelllebigen Zeit: Wir haben familiäre, berufliche und persönliche Verpflichtungen. Unser Leben ist oft eng getaktet und wir fühlen uns fremdbestimmt. Auch die familiären Interaktionen sind häufig bezogen auf operative Themen, wie das Abgleichen von Terminplänen oder wer macht was im Haushalt. Diese Themen müssen besprochen werden, keine Frage, aber oft kommen persönliche, tiefergehende Interaktionen und Gespräche zu kurz.

Das Sich-wirklich-Zeit-Nehmen für den anderen, sich auf ihn einlassen und ihm seine ungeteilte Aufmerksamkeit schenken ist eine Seltenheit geworden. Es verlangt eine bewusste Entschleunigung in unserem getakteten Leben und erfordert eine gewisse Anstrengung. Wenn man sich zum Beispiel darauf einlässt, mit seinem Partner am Küchentisch eine Tasse Tee zu trinken, die Mobiltelefone bewusst zur Seite gelegt hat und sich dann ganz einfach ein Gespräch entwickelt, ist das unglaublich erfüllend. Man schafft eine Atmosphäre der ungeteilten Aufmerksamkeit, des Vertrauens und des Füreinander-da-Seins. Das Ergebnis dieser gemeinsamen Zeit ist offen, vielleicht genießt man auch nur die Zeit in stiller Zweisamkeit.

Der Kurzstreckenlauf

Eine meiner starken Disziplinen im Schulsport war der Kurzstreckenlauf, also eine Distanz von 50 und 100 Metern. Ich war sehr talentiert, hatte einen kraftvollen Start und eine unglaubliche Beschleunigung. Es war mir ein Leichtes, mich mit meinen nicht behinderten Mitschülern zu messen.

Mein Sportlehrer war voll des Lobes über mich, wodurch ich viel Energie und Motivation bekam, um noch besser zu werden. Eines Tages kam er zu mir in die Umkleidekabine und schlug mir vor, wegen meiner Leistungen in einen Sportverein einzutreten. Ich war sehr stolz auf seine Empfehlung. Sie gab mir das Gefühl, dass ich es geschafft hatte. Ich war trotz meiner körperlichen Einschränkung in der Lage, zu den Top-Sportlern in meiner Klasse zu gehören. In meiner Vorstellung sah ich mich schon an Leichtathletikturnieren teilnehmen. In dieser Euphorie fragte ich meinen Sportlehrer beim nächsten Zusammentreffen, ob er mir denn einen Sportverein empfehlen könne. Er führte eine Reihe von Behindertensportvereinen an, die ich kontaktieren könne.

Das war aber nicht das, was ich hören wollte. Mir war es wichtig, mich mit Nichtbehinderten meines Alters zu messen. Ich nahm all meinen Mut zusammen und brachte diesen Einwand meinem Sportlehrer gegenüber vor. Er lachte nur und erklärte mir, dass meine Leistungen im Kurzstreckenlauf wirklich beachtlich seien, insbesondere, wenn man meine Behinderung in Betracht zieht. Meine Laufzeiten im Vergleich zu Nichtbehinderten seien zwar immer noch sehr gut, aber nicht so herausragend, dass sie die Aufnahme in einen »normalen« Sportverein rechtfertigten. Die Antwort meines Sportlehrers enttäuschte mich. Das wollte ich nicht hören. Mein Benchmark war der Vergleich mit Nichtbehinderten meines Alters. Ich entschied mich daraufhin, einem Behindertensportverein nicht beizutreten.

Im Schulsport gab es für mich generell High- und Lowlights: Highlights waren Sportarten, in denen ich besser war, als ich gedacht hatte, zum Beispiel war ich im Basketball und Tischtennis, aber auch im Handball sehr agil und treffsicher.

Ein Lowlight war es dagegen, dass ich meistens, wenn meine Mitschüler Mannschaftsmitglieder auswählen konnten, erst zum Schluss ausgewählt wurde. Das zeigte mir oftmals meinen niedrigen Stellenwert, wenn es um sportliche Aktivitäten ging, trotz eigentlich guter Leistungen.

Später kamen weitere Sportarten hinzu, die mir viel Spaß bereiteten, wie zum Beispiel alpines Skifahren, Squash, Tennis, Badminton, Schwimmen, aber auch ausgiebiges Ausdauerlaufen. Hier entwickelte ich meine eigenen Techniken und Fähigkeiten und war sehr stolz auf meine Leistungen.

Reflexion: Aus heutiger Sicht würde ich es anders machen. Ich denke, es wäre für meine Entwicklung förderlich gewesen, mich auch mit Kindern mit Behinderung zu messen und nicht ständig zu denken, dass nur Nichtbehinderte mein Benchmark sind. Dann hätte ich lernen können, wie andere Kinder mit ihren Behinderungen ihr Leben meistern und wozu sie fähig sind. Es wäre wünschenswert, dass Lehrer in solchen Situationen nicht nur das Gespräch mit dem betroffenen Kind suchen, sondern auch die Eltern miteinzubeziehen, um die für das Kind beste Entscheidung zu treffen.

Alpines Skifahren

In der Mittelstufe des Gymnasiums meiner Schule war es üblich, mit seinen Klassenkameraden eine Woche Skiurlaub in den Alpen zu machen. Das Ziel war es, in dieser Zeit das alpine Skifahren zu erlernen.

Als es darum ging, sich für die Skiwoche einzutragen, war ich anfangs sehr skeptisch und versuchte, meine Eltern davon zu überzeugen, dass Skifahren für mich aufgrund meiner Behinderung nicht der richtige Sport sei. Ich konnte es mir beim besten Willen nicht vorstellen, mit einem Arm Ski zu fahren.

Meine Eltern trugen meine Bedenken meinem Sportlehrer vor. Dieser war ein stahlharter Knochen mit strenger Disziplin und eisernem Willen. Er ließ die Einwände meiner Eltern nicht gelten und sagte, dass er Möglichkeiten finden werde, mir das Skifahren beizubringen. Wo ein Wille ist, da sei auch ein Weg. Während für mich die Vorbehalte weiterhin überwogen, entschieden meine Eltern, mich für den Ausflug in die Berge anzumelden. Ich konnte mich der Teilnahme nicht mehr entziehen. Etwas niedergeschlagen und mit wenig Motivation trat ich die Reise in die Alpen an.

Wir waren in einer Jugendherberge nahe einer Skistation untergebracht. Der Blick auf die schneebedeckten Berge und die uns zu Füßen liegende Stadt Innsbruck war atemberaubend. Es war schön, den ersten Abend mit Freunden und Klassenkameraden zu verbringen, zumal ich dabei feststellte, dass ich nicht der Einzige war, der Bammel vor dem Skifahren hatte.

Am nächsten Morgen weckte uns die Sonne. Der Himmel war strahlend blau, was einen wunderschönen Kontrast zu der weißen Winterlandschaft bildete. Die Temperaturen allerdings lagen im frostigen Bereich.

Meine Nervosität wuchs beim gemeinsamen Frühstück, bei dem unser Skilehrer den weiteren Tagesablauf vorstellte und die Gruppeneinteilung bekanntgab. Es gab Teams für Fortgeschrittene, also jene, die bereits Skifahren konnten und Gruppen für Anfänger. Mit Erleichterung hörte ich, dass ich der absoluten Anfängergruppe zugeteilt wurde.

Nun hieß es, in den Skikeller zu gehen, wo einem die Ausrüstung, bestehend aus Skischuhen, ein Paar Skiern und Skistöcken ausgehändigt wurde. Man wurde gebeten, die Skischuhe anzuziehen und sich mit dem restlichen Equipment nach draußen zu begeben. Das Anschnallen der Skier war für alle blutjungen Anfänger von uns schwer, ich war da keine Ausnahme, fühlte mich aber okay, weil es den anderen genauso erging wie mir. Nachdem die Skilehrer uns mit Rat und Tat zur Seite gestanden hatten und jeder zu seiner Gruppe gegangen war, konnte es losgehen.

Während die fortgeschrittenen Teams bereits die Piste hinunterfuhren, mussten wir Anfänger auf Skiern eine leichte Anhöhe erklimmen. Das erforderte eine Menge Konzentration, Koordination und Kraft, da ich nur mit einem Skistock ausgestattet war und ich versuchte, das Fehlen des linken Skistocks mit dem rechten zu kompensieren. Das gelang anfangs überhaupt nicht, was mich mehrfach umfallen ließ.

Dass es andere in meiner Gruppe gab, die noch größere Probleme als ich hatten, gab mir Mut und Selbstvertrauen. So war nicht ich es, auf den alle anderen warten mussten. Als die leichte Anhöhe erklommen war, führte uns der Skilehrer vorausfahrend vor, wie man Kurven fährt. Mit dem Einsatz seiner Stöcke verlagert man dabei das Gewicht von einem Bein auf das andere.

Die Rechtskurve zu nehmen, bereitete mir mit dem Einsatz des Stockes keine Schwierigkeiten. Zu meinem Erstaunen konnte ich auch die Linkskurve nehmen, wenn auch in einem weitläufigeren Bogen – und das ohne unterstützenden Skistock.

Im Großen und Ganzen machte mir das Skifahren Spaß. Meine Leistungen in der Skigruppe waren so gut, dass ich nach nur wenigen Tagen in die Gruppe mit dem höchsten Niveau der Anfänger kam. Natürlich war ich darauf mächtig stolz.

Hier hatte ich mich schon der nächsten Herausforderung zu stellen: der Benutzung des Lifts. Ich spreche hier nicht vom Sessellift oder einer Gondel, was für mich relativ leicht zu bewerkstelligen gewesen wäre, sondern vom Benutzen der Bügel- und Tellerlifte. Während man beim Bügellift zu zweit transportiert wird, ist man beim Tellerlift auf sich allein gestellt, man muss den »Teller« auffangen, ihn zwischen seine Beine nehmen und die Liftstange mit einer Hand halten. Mit der anderen Hand hält man währenddessen seine Skistöcke. Mit nur einer Hand war ich damit vor erhebliche Herausforderungen gestellt.

Zunächst versuchte ich, den Einstieg allein zu managen, aber selbst mit der Hilfe des Personals am Lift, das mir den Teller zwischen die Beine schob, konnte ich mich nicht in der Spur halten, da es mir nicht gelang, den Skistock und die Liftstange gleichzeitig zu halten. Es war ein Fiasko und wenn ich vorher wusste, dass eine Abfahrt an einem Tellerlift endete, war meine Angst groß.

Mit der Benutzung des Bügellifts verhielt es sich etwas besser, da ich meinem mitfahrenden Nachbarn meinen Skistock geben konnte, dadurch konnte ich mich mit der freien Hand an der Stange festhalten. Während das Skifahren an sich mir Freude bereitete und ich eine akzeptable Technik erlernt hatte, um den Hang herunterzugleiten, war das Liftfahren eine große Herausforderung für mich.

Reflexion: Es ist wichtig, gute Lehrer um sich zu haben, die dazu fähig sind, sich in die Lage des Kindes mit Behinderung und dessen Bedürfnisse hineinzuversetzen. Das erfordert in der Tat, mehr Zeit mit diesen Kindern und Jugendlichen zu verbringen. Meiner Erfahrung nach nehmen sich gute Lehrer sehr viel mehr Zeit mit jenen, die sich schwertun, etwas Neues zu erlernen, weil sie zum Beispiel ihre Ängste überwinden müssen, egal ob sie behindert oder nicht behindert sind.

Ich ermuntere Menschen, denen es ähnlich geht wie mir, sich weniger Gedanken darüber zu machen, dass man »ein Klotz am Bein« für andere sein könnte, weil das oft gar nicht der Fall ist. Sich dessen bewusst zu werden und ein gewisses Selbstverständnis dafür zu entwickeln, ist wichtig.

Es kann aber Hindernisse geben, wie beispielsweise das Benutzen des Tellerlifts, die aus welchen Gründen auch immer, nicht überwunden werden können. Hierfür ist mein Rat, dass Verantwortliche, wie beispielsweise Skilehrer, die Benutzung dieser Lifte vermeiden sollten, weil es nicht nur frustrierend für den Menschen mit Behinderung, sondern auch für die restliche Gruppe ist, die lange Wartezeiten in Kauf nehmen muss. Kann ein Hindernis nicht umgangen werden, könnte sich der Lehrer extra Zeit für den Betroffenen nehmen, um – getrennt von den anderen – an dessen Überwindung zu arbeiten.

Wie bei vielen anderen Beispielen auch, ist es immens wichtig, auf kleinere und größere Erfolgserlebnisse aufzubauen. Es ist ein befreiendes und erhebendes Gefühl, Dinge zu meistern, vor denen man Angst hatte und die man sich nicht zutraute.

Das Erlernen von Ballsportarten

In meiner Jugendzeit interessierte ich mich für weitere Sportarten, dabei handelte es sich ausschließlich um Individualsportarten. Ich habe zwei Erklärungen dafür:

Zum einen war es für einen Menschen mit Behinderung nahezu ein Ding der Unmöglichkeit, in einen »normalen« Sportverein aufgenommen zu werden. Ich versuchte es beim Fußball und beim Tischtennis, wo mir von den Trainern freundlich, aber bestimmt zu verstehen gegeben wurde, dass ich besser in einen Behindertensportverein passen würde. Ich kann das auch bis zu einem gewissen Grad nachvollziehen, da ich schließlich nicht der »Norm« entsprach. Obwohl Fußball bekanntermaßen mit den Beinen gespielt wird, wurde mir Robustheit und Durchsetzungsvermögen in Abrede gestellt. Beim Tischtennis wird der Schläger mit einer Hand geführt, nur bei der Angabe benötigt man beide. Und auch hier wurde mir die Eignung abgesprochen, obwohl ich gelernt hatte, die Angabe mit einer Hand auszuführen.

Zum anderen wollte ich mich in Eins zu Eins-Vergleichen mit »normalen« anderen messen. Bei Individualsportarten kam es auf die eigene Leistung an und somit war ein direkter Vergleich mit dem Gegenspieler möglich. In einem Teamsport steuerte man mit seinem Beitrag zur Leistung des Teams bei. Der individuelle Beitrag zur Teamleistung ist schwer messbar.

Angespornt durch die sportlichen Aktivitäten meiner Freunde und Klassenkameraden, interessierten mich die Ballsportarten Tennis, Badminton und Squash.

Die Herausforderung bei diesen Sportarten bestand für mich darin, die Angabe oder den Aufschlag mit einer Hand zu lernen. Es war für mich nicht möglich, den Ball in der einen und den Schläger in der anderen Hand zu halten, um die Angabe oder den Aufschlag durchzuführen. Meine Technik musste darin bestehen, den Ball mit einer Hand hochzuwerfen und gleichzeitig mit derselben Hand den Schläger zu halten. Diese Techniken kann man sich nur selbst beibringen, da es für zweiarmige Mitmenschen schwierig ist, sich in meine spezielle Situation hineinzuversetzen.

Das Erlernen dieser Aufschläge war harte Arbeit und oft von Misserfolgen begleitet. Ich hatte aber den unbedingten Willen, diese Ballsportarten zu erlernen, sodass ich trotz vieler Rückschläge nicht aufgab. Am Ende war ich stolz, dass es mir gelungen war, mir eine Technik anzueignen, die es mir ermöglichte, Aufschläge und Angaben in diesen drei Sportarten eigenständig durchzuführen. Oft waren meine Aufschläge aufgrund ihrer Wucht gefürchtet!

Nachdem diese Hürde genommen war, konnte ich mich mit nicht behinderten Menschen messen. Dieses Kräftemessen war mir immer besonders wichtig, da ich mich so als »normaler« Mensch fühlen konnte. Das Messen mit anderen Behinderten hätte mir – aus welchen Gründen auch immer – das Gefühl gegeben, auf meine Behinderung reduziert zu werden. Das wollte ich nie, und deshalb habe ich auch Angebote, mich Sportgruppen mit Behinderten anzuschließen, konsequent abgelehnt.

Es erfüllte mich mit Stolz, dass ich in keiner dieser Sportarten den Vergleich mit Nichtbehinderten scheuen musste. Auch wenn ich im Tennis beispielsweise keine kraftvolle doppelte Rückhand ausführen konnte, machte ich den Nachteil der fehlenden Härte meiner Schläge durch sehr agile Laufarbeit wett oder war berüchtigt für meine platzierten Aufschläge, die oftmals ein Ass waren, sodass der Gegenspieler den Ball nicht erreichen konnte.

Reflexion: Sportliche Aktivitäten nahmen einen hohen Stellenwert in meinem Leben ein. Sie gaben mir die Möglichkeit, mich mit nicht behinderten Menschen zu messen, was mein Selbstbewusstsein und mein Selbstwertgefühl immens steigerte. Erst im Erwachsenenalter kam für mich der Gesundheitsaspekt der Bewegung und der physische Ausgleich zum Berufsstress durch Schwimmen und Joggen mit dazu.

Ich würde jedem Menschen mit Behinderung raten, sich eine für ihn passende sportliche Aktivität primär aus gesundheitlichen Gründen zu suchen. Wenn der Wunsch besteht, sich mit anderen zu messen, ist mein Rat, über die Mitgliedschaft in einem Behindertensportverein nachzudenken, da das Kräftemessen hier unter ähnlichen Bedingungen stattfindet. Zudem gibt es die Möglichkeit, an Meisterschaften und Wettkämpfen teilzunehmen. Wie immer man sich entscheidet, Sport steigert das Selbstbewusstsein und das Selbstwertgefühl ungemein. Es hat aber auch den nicht zu vernachlässigenden Nebeneffekt, dass einem Menschen ohne Behinderung mehr Anerkennung und Wertschätzung entgegenbringen.

Begeisterung für Modelleisenbahnen

Zum sechsten Geburtstag bekam ich von einem meiner Onkel ein Starterset einer Modelleisenbahn geschenkt. Er war ein passionierter Modellbauer und wollte diese Begeisterung an mich weitergeben. Meine Eltern erzählten mir, dass ich die ganze Nacht begeistert mit der Eisenbahn gespielt habe. Einige Monate später bekam ich von meinem Vater ein großes Set einer Modelleisenbahn geschenkt. Es war kein fertiges Produkt, das man einfach so aufstellen konnte, sondern eines, das handwerkliches Geschick in vielerlei Hinsicht erforderte: das Modellieren von Landschaften, das Installieren von Schienentrassen mit dazugehöriger Technologie und das Bauen von Häusern und anderen Gebäuden.

Beflissentlich studierte ich die Bauanleitung und war fasziniert von der schillernden Welt einer Modelleisenbahn. Mein Vater beobachtete mich und war von meinem Enthusiasmus angetan. Er streichelte mir über den Kopf, als er sagte, wenn ich Hilfe oder Rat benötigte, solle ich mich ohne Zögern an ihn wenden. Er sei genauso von Modelleisenbahnen fasziniert wie ich, mit dem Unterschied, dass es, als er klein war, diese noch nicht gab.

Ein erster Schritt war, die mitgelieferte Platte, auf der sich das Leben der Eisenbahn und ihrer Welt abspielen sollte, auf ein Holzgestell zu stellen, das sie gut einen Meter vom Boden abhebt. Diese Einrichtung machte das Arbeiten leichter, da man sich weniger bücken müsste und die Kabel leichter unterhalb der Platte installieren konnte. Mein Vater fragte mich, ob ich einverstanden sei, dass er das Holzgerüst baue, während ich mich mit dem Bau der eigentlichen Eisenbahn vertraut machen könne. Ich war ohne Zögern einverstanden, da diese Arbeitsteilung für mich Sinn machte. Mein Vater war handwerklich sehr geschickt, sodass das Holzgestell recht schnell fertiggestellt war und die Platte aufgelegt werden konnte. Nun konnte ich also richtig loslegen. Da war das Gestalten der Landschaft, für das man zunächst aus Pappe oder Holz unterschiedliche Anhöhen und Vertiefungen anfertigen musste. Diese Konstruktion wurde dann mit Gips oder Pappmaschee modelliert. War dies getan, konnten die Schienen in das vorgefertigte Gleisbett verlegt werden.

Der nächste Schritt war, die Schienen mit Strom zu versorgen, Weichen und Signale anzuschließen und zu beleuchten. Dies erforderte, dass die Kabel unterhalb der Platte verlegt, angeschlossen und verbunden werden mussten. Ich sehe mich noch wie heute mit einem Lötkolben hantieren, um Kabel zu verbinden und an das Stromnetz anzuschließen. Nun war die Eisenbahn funktionstüchtig, doch sollte sie in einer schönen Landschaft fahren, die noch ausgearbeitet werden musste.

Neben dem Anlegen von Gewässern, Wiesen und Wäldern, war die Gestaltung der Bahnhofsanlagen und Wohnsiedlungen ein wesentlicher Bestandteil. Das Bauen von Häusern erforderte, dass man kleine Plastikeinzelteile mit einer schriftlichen Anleitung an der Hand mit Klebstoff zusammenbaute. Während das Installieren der Schienen eine einfache Tätigkeit war, gestaltete sich das Bauen von Häusern als schwierig für mich. Es gab keine Videos, die man sich auf YouTube oder anderen Kanälen anschauen konnte. Die mitgelieferten Bauanleitungen zeigten, was in welchen Schritten zusammengebaut wurde, aber nicht, wie das konkret gemacht werden sollte. Ich musste also meine eigene Technik entwickeln.

Ich verbrachte Stunden und Tage damit, all dies mit einer Hand zu meistern. Oft setzte ich einen meiner Füße als Handersatz ein, um Dinge zu halten. Es gab Momente der Verzweiflung und der Wut, manchmal auch Tränen, neben Momenten des Glücks und des Stolzes auf das Erreichte. Von Zeit zu Zeit halfen mir auch mein Vater und meine jüngere Schwester bei diesen Aktivitäten.

Wer sich mit Modellbau beschäftigt, weiß, dass es nie einen Endpunkt gibt, zu dem das Produkt fertiggestellt ist. Es geht immer weiter.

Reflexion: Dieses Hobby auszuüben war für mich eine sehr erfüllende Zeit. Ich konnte tüfteln, mich ausprobieren, hatte Phasen des Erfolgs und der Enttäuschung. Mit meiner Schwester und meinem Vater hatte ich unaufdringliche Unterstützer an meiner Seite. Ich nahm ihre Hilfe gerne an, vielleicht auch deshalb, weil sie sich für mein Hobby interessierten und wie ich Dinge ausprobieren wollten.

Darin besteht auch mein Rat an Eltern: die Sensibilität dafür zu entwickeln, wann Hilfe angebracht ist und wann nicht, ehrliches Interesse an der Beschäftigung des Kindes zu haben und gemeinsam zu lernen.

Tischfußball war mein Ein und Alles

Neben dem Eisenbahn-Modellbau war Fußball meine große Leidenschaft. Wie bereits erwähnt, waren mein Vater und ich Fans des lokalen Fußballvereins. Wir verpassten auch nie ein Spiel der deutschen Fußballnationalmannschaft. Auch wenn ich mit Freunden gelegentlich privat Fußball spielte, war meine größte Begeisterung jedoch der Tischfußball.

Tischfußball, auch bekannt als Kicker oder Tischkicker, ist ein beliebtes Spiel, das auf einem speziellen Tisch gespielt wird. Normalerweise spielen zwei Personen gegeneinander, aber es können auch Teams mit jeweils zwei Spielern gebildet werden. Jedes Team kontrolliert eine Reihe von Spielern auf dem Tisch. Die Spieler sind an insgesamt vier Stangen befestigt und können sich drehen.

Das Ziel des Spiels ist es, den Ball ins gegnerische Tor zu schießen und mehr Tore als das andere Team zu erzielen. Tischfußball ist ein schnelles und aufregendes Spiel, das Geschicklichkeit, Schnelligkeit und strategisches Denken erfordert.

Mit einem meiner Freunde konnte ich Stunden verbringen, Tischfußball zu spielen. Uns konnte die größte Sonnerhitze nichts anhaben – wir spielten auch bei erdrückender Schwüle in meinem Zimmer. Wir simulierten Meisterschaften, gaben unseren Spielern und unseren Teams Namen. Wir waren bei diesem Spiel sehr kompetitiv, was aber auch bedeutete, dass wir gemeinsam Regeln festlegen mussten. Auf allgemeingültige Spielregeln hatten wir uns schnell geeinigt, aber wie konnten wir Chancengleichheit bei der Bedienung der vier Stangen herstellen? Der Standard ist, dass je zwei Stangen mit einer Hand bedient werden. Das bedeutete für mich, dass ich mit einer Hand alle vier Stangen bedienen musste, eine offensichtliche Benachteiligung.

Mein Freund reagierte auf meinen unübersehbaren Nachteil mit Verständnis und bot mir an, ebenfalls nur eine Hand zum Bedienen der vier Stangen einzusetzen. Interessant war nun, dass ich meinem Freund bei den Spielen haushoch überlegen war: Von zehn Spielen gewann ich neun, was sich auch nach vielen Spielen nicht änderte. Es zeigte uns, dass wir zwar pro forma Chancengleichheit hergestellt hatten, die Realität dem aber widersprach, da mein Freund es gewohnt war, mit beiden Händen zu spielen.

Wir entschieden nach einiger Zeit, dass mein Freund mit beiden Händen spielen sollte. Was nun objektiv betrachtet eine Benachteiligung für mich war (ich bediente mit einer Hand vier Stangen und mein Freund nur jeweils zwei mit seinen Händen), führte zu dem verblüffenden Ergebnis, dass die Anzahl gewonnener Spiele ziemlich gleich verteilt war.

Logisch und objektiv betrachtet macht das natürlich überhaupt keinen Sinn. Ich kann es mir nur damit erklären, dass ich aufgrund meiner Leidenschaft für das Spiel solche Fertigkeiten mit meiner einen Hand erworben hatte, dass ich mit anderen Spielern, die mit beiden Händen spielten, mithalten konnte. Ich war sehr schnell in meinen Bewegungen und beim Wechseln der Stange. Meine geschulte Beobachtungsgabe für die Aktionen des Gegners erlaubte es mir, blitzschnell darauf zu regieren.

Selbst heute, wenn ich zu seltenen Gelegenheiten Tischfußball spiele, habe ich keine Schwierigkeit, mit zweihändig spielenden Gegnern mitzuhalten.

Reflexion: Offensichtliche, faktische Benachteiligungen müssen keine realen Nachteile sein. Man kann sich Fähigkeiten antrainieren, die eine objektive Benachteiligung kompensieren. Es wird oft gesagt, dass beispielsweise gehörlose Menschen diesen nicht vorhandenen Sinn durch andere Sinne wie den Tast- oder Geruchssinn ausgleichen.

Mein Rat ist, dass die klar ersichtliche Lösung oft nicht die wahre Lösung ist. Diese findet man meist durch Gespräche und gegenseitiges Kennenlernen heraus.

Persönliche Erfahrungen mit meiner Behinderung im Beruf und Empfehlungen

Nach meinem Abitur an einem humanistischen, neusprachlichen Gymnasium sammelte ich erste berufliche Erfahrungen als Auszubildender zum Bankkaufmann. Im Anschluss entschied ich mich für ein Studium der Wirtschafts- und Sozialwissenschaften.

Nach dem Studienabschluss begann meine eigentliche berufliche Laufbahn. Ich durchlief zunächst ein Traineeprogramm in einem Unternehmen, das mich auf eine Tätigkeit im Personalbereich vorbereitete. Im Anschluss daran übernahm ich strategische Aufgaben in der Konzernzentrale. Anschließend war ich viele Jahre im operativen Personalwesen mit wachsender Verantwortung tätig. Ich arbeitete zunächst als Personalmanager und Personaldirektor in Länderverantwortung, dann mit regionaler und internationaler Zuständigkeit und schließlich als Human Resources Executive mit globaler Gesamtverantwortung. Meine Familie und ich leben nunmehr seit fast zwanzig Jahren im europäischen Ausland, das unsere Heimat geworden ist. Ich werde oft gefragt, ob ich wegen oder trotz meiner Behinderung berufliche Karriere gemacht habe. Bei meiner Recherche habe ich keine relevanten Daten gefunden, wie hoch der Anteil von Menschen mit Behinderung in Führungspositionen ist. Das allein sagt schon aus, dass dieses Thema nicht von großem gesellschaftlichem Interesse ist. Meine subjektive Einschätzung ist, dass die Quote von Menschen mit Behinderung in Führungspositionen noch marginal ist. Ich habe in meiner beruflichen Laufbahn während mittlerweile drei Jahrzehnten weniger als eine Handvoll Führungskräfte mit Behinderung getroffen.

Zurück zur eingangs gestellten Frage, ob ich wegen oder trotz meiner Behinderung berufliche Karriere gemacht habe. Hierzu kann ich Folgendes sagen:

– Keines der Unternehmen hatte eine Strategie oder einen Plan zur Einstellung von Menschen mit Behinderung, geschweige denn zur Beförderung von Mitarbeitern mit Behinderung in Führungspositionen.

– Ich hatte nie das Gefühl, dass ich aufgrund meiner Behinderung befördert wurde.

– Es kam mir im Gegenteil häufig so vor, dass ich die »extra Meile« gehen musste, um in den Augen meiner Vorgesetzten die vermeintlichen »Defizite« wegen meiner Behinderung, zum Beispiel das Tempo meiner Leistungserbringung, auszugleichen.

Aufgrund meiner persönlichen Erfahrungen kann ich sagen, dass für mich der Weg zu meinen Führungspositionen mit zunehmender Verantwortung steinig und herausfordernd war. Dennoch gab es wunderbare Vorgesetzte, die an meine Leistung, mein Potenzial und meine Fähigkeiten glaubten und mich ungeachtet meiner Behinderung forderten und förderten. Ich hatte das Ziel, so normal wie möglich im Arbeitsalltag zu agieren, aber es gab Situationen, in denen das nicht möglich war, was mit meiner Behinderung zusammenhing.

Ich möchte diese Begebenheit im Folgenden mit persönlichen Erfahrungsberichten illustrieren, die zeigen, wie ich mich verhalten habe, und was in meinem Kopf dabei vorging. Die Erfahrungsberichte habe ich so verfasst, dass keine

Rückschlüsse auf meine Arbeitgeber oder bestimmte Manager gezogen werden können. Übereinstimmungen in einzelnen Situationen wären rein zufällig.

Auf jeden Erfahrungsbericht folgt eine Reflexion des Geschehenen. Hier gebe ich im Nachhinein und aus der Distanz heraus Ratschläge und Empfehlungen, was man in diesen Situationen hätte anders und besser machen können. Es wird niemals die »eine« richtige Antwort im Umgang mit einer bestimmten Begebenheit geben. Am Ende liegt es an jedem selbst, seine eigenen Schlussfolgerungen zu ziehen, wie er/sie am besten reagiert hätte.

Behinderungsspezifische Erfahrungen bei den Bewerbungsgesprächen

Seit dem Ende meines Studiums Anfang der 1990er-Jahre haben sich die Einstellungsprozesse in vielerlei Hinsicht gewandelt. Die fortschreitende technologische Entwicklung, die standardisierte Abwicklung von Einstellungsprozessen, Unternehmenskulturen, die sich auf Inklusion ihrer Mitarbeitenden konzentrieren, eine flexiblere Arbeitswelt und gesetzliche Datenschutzbestimmungen haben dazu geführt, dass Menschen mit Behinderung im Prinzip höhere Chancen haben, eine Einstellung zu finden.

Nachfolgend sind einige der wichtigsten Bereiche, die zu diesen Veränderungen beigetragen haben, aufgeführt:

- Technologie und Automatisierung: Die Stellenanzeigen schaltete man in der Vergangenheit meist in regionalen oder überregionalen Zeitungen. Die Bewerbungsunterlagen wurden in Papierform mit der Post versandt und vom einstellenden Unternehmen manuell bearbeitet. Die Erstsichtung der Bewerbungen oblag meist der Personalabteilung. Mit der Entwicklung des Internets und der digitalen Technologie haben sich die Einstellungsprozesse stark verändert. Unternehmen nutzen jetzt Online-Stellenbörsen, soziale Medien und andere digitale Plattformen, um Stellenangebote zu veröffentlichen und geeignete Bewerber zu rekrutieren. Die Bewerbungsgespräche werden oft bis zur finalen Runde virtuell durchgeführt. Somit werden Einstellende oft erst am Ende eines Einstellungsprozesses auf Behinderungen im Rahmen eines persönlichen Gesprächs aufmerksam. Nach meiner Erfahrung hat sich der Einstellende oftmals bereits von der Eignung eines Kandidaten überzeugt, sodass eine Behinderung am Ende des Auswahlprozesses weniger ins Gewicht fällt. Zunehmend setzen heute Unternehmen auf automatisierte Systeme, um den Einstellungsprozess weiter zu unterstützen und effizienter zu gestalten. Dies umfasst die Verwendung von Bewerber-Tracking-Systemen (ATS), um Bewerbungen zu verfolgen, zu verwalten und mit ihnen zu kommunizieren sowie die Verwendung von KI-gestützten Tools zur Vorabauswahl von Bewerbungen anhand vordefinierter Kriterien. Diese Systeme sind meist mit der zentralen Personaldatenbank des Unternehmens verknüpft und erlauben das aktive Managen eines Kandidatenpools, um künftige Vakanzen schneller besetzen zu können. Die Automatisierung trägt auch dazu bei, datenschutzrechtliche Bestimmungen stringent zu befolgen, und ebenfalls dazu, dass Einstellende auf mögliche Behinderungen ihrer Bewerber erst spät im Auswahlprozess aufmerksam werden.

– Erhöhte Flexibilität: In den letzten Jahren hat sich die Arbeitswelt stark verändert. Die Unternehmen passen ihre Arbeitsstrukturen entsprechend an, um den Bedürfnissen der Bewerber entgegenzukommen. Dies beinhaltet beispielsweise die Möglichkeit von flexiblen Arbeitszeiten, Remote-Arbeitsoptionen und andere Vorteile, um Bewerber zu gewinnen und die Belegschaft zufriedenzustellen. Insbesondere für Menschen mit Behinderung ist eine flexible Gestaltung ihres Arbeitsalltags von Vorteil, weil dies ihnen erlaubt, dass sich der Arbeitsrhythmus ihren Bedürfnissen anpasst.

– Mehr Vielfalt und Inklusion: Unternehmen legen heute einen größeren Wert auf Vielfalt und Inklusion bei ihren Einstellungsprozessen. Sie bemühen sich, eine breitere Auswahl von Bewerbern anzusprechen und sicherzustellen, dass ihre Belegschaft repräsentativ für die Gesellschaft ist. Hierbei wird zwar bisher in erster Linie auf die Balance der Geschlechter geachtet, dies sollte aber in Zukunft auch bessere Chancen für Menschen mit Behinderung bieten.

– Auswirkungen von Diskriminierungsgesetzen: In Bewerbungsgesprächen sind bestimmte Fragen aufgrund von Diskriminierungsgesetzen und ethischen Richtlinien verboten. Beispielsweise dürfen Fragen nach dem Familienstand, der sexuellen Orientierung, der Religionszugehörigkeit, der ethnischen Herkunft, der Nationalität, nach dem Alter, dem Gesundheitszustand und nach einer Behinderung nicht mehr gestellt werden.

Als ich mich nach meinem Studium der Wirtschafts- und Sozialwissenschaften Anfang der 90er-Jahre um eine Festanstellung bemühte, hatte ich unterschiedliche Erfahrung im Bewerbungsverfahren. Meine Abschlussnoten waren sehr gut und während meines Studiums hatte ich einige Praktika in verschiedenen Personalabteilungen absolviert, was mich, zusammen mit meinen Bewerbungsunterlagen zu einem interessanten Anwärter für einen Job im Personalwesen machte. Meine Bewerbung sagte nichts über meine Behinderung aus.

Wie damals üblich, wurde ich zu einer Vielzahl von Bewerbungsgesprächen persönlich eingeladen. Die Reaktionen auf meine offensichtliche Behinderung waren überwiegend sehr professionell und Fragen dazu durften in dieser Zeit noch gestellt werden. Doch es gab auch Kommentare, die bereits nach damaligen Maßstäben plump und verletzend waren.

Nachfolgend werden einige dieser Situationen geschildert:
- »Was ist denn mit Ihnen passiert?« – Diese Frage wurde mir in einigen Bewerbungsgesprächen gleich zu Beginn des Interviews gestellt. Der Interviewer erwartete wohl keinen Menschen mit Behinderung und war sichtlich überrascht und irritiert. Wenn ich dann kurz antwortete, was die Ursache für meine Behinderung ist, war das Thema damit meist erledigt. Dennoch blieb oft eine irritierende Atmosphäre zurück. Es gab aber auch zwei Interviewer, die das Thema nicht auf sich beruhen ließen: Einer war so dreist, dass er mir vorwarf, in meinen Bewerbungsunterlagen gelogen und nicht die Wahrheit gesagt zu haben. Aus diesem Grund könne er meine Bewerbung nicht weiter berücksichtigen und das Gespräch sei an diesem Punkt beendet. Eine andere Interviewerin stellte mir weitere Fragen zu meiner Behinderung, wie zum Beispiel, wie meine Eltern »mit diesem Unglück umgingen« oder »dass ich sehr zu bedauern« sei. Diese Fragen und Verhaltensweisen sind absolut indiskret und respektlos.

- »Können Sie den Job, auf den Sie sich beworben haben, wirklich bewältigen?« – Ich hatte mich auf keinen handwerklichen Job beworben, bei dem der Einsatz von zwei Händen erforderlich gewesen wäre, sondern um eine administrative Tätigkeit. Diese Frage wurde mir dennoch häufiger gestellt. Meist konnte ich diese Zweifel ausräumen, doch bei einigen Interviewern blieben sie bestehen. Das merkte ich daran, dass ihr anfängliches Interesse an mir sehr schnell abnahm und das Interview recht oberflächlich weiterlief. Unter heutigen Gesichtspunkten stellt diese Frage die Fähigkeiten und Kompetenzen des Bewerbers wegen seiner Behinderung infrage und kann als diskriminierend und gesetzeswidrig eingestuft werden.
- »Wie beeinflusst Ihre Behinderung Ihre Arbeitsleistung?« – Diese Frage zielt darauf ab, herauszufinden, ob mit vermehrten Fehlzeiten zu rechnen ist und/oder die Produktivität und Effizienz des Outputs geringer ist als bei anderen. Diese Frage wurde mir häufiger gestellt, und ich empfand sie zwar in gewisser Weise als berechtigt, allerdings auch als sehr eindimensional, da sie sich ausschließlich auf die Behinderung konzentriert und andere Fähigkeiten und Erfahrungen meiner Person ignorierte.
- »Wie lange werden Sie voraussichtlich in der Lage sein, diese Arbeit auszuführen?« – Diese Frage wurde mir ein paar Mal gestellt. Hier wird eine Behinderung fälschlicherweise mit einer Krankheit verwechselt. Ich empfand diese Frage als respektlos und ignorant, da es eine anmaßende Unterstellung ist, dass Menschen mit Behinderung höhere Fehlzeiten haben. Ich denke, keiner dieser Interviewer wird diese Frage Menschen ohne Behinderung gestellt haben.

Reflexion: Es ist schwierig, eine allgemeingültige Antwort darauf zu geben, was der richtige Umgang, die richtige Reaktion auf solche unprofessionellen Fragen ist, da dies von verschiedenen Faktoren abhängt.

Zum Ersten ist es eine Frage der Souveränität des Menschen mit Behinderung, ob man die Abgeklärtheit, Ausgeglichenheit und innere Ruhe besitzt, darauf zu reagieren. Ich habe festgestellt, dass es mir im Laufe meines Lebens leichter fiel, mit diesen Fragen umzugehen – nämlich zu sagen, dass diese Fragen sehr persönlich und der Situation unangemessen sind.

Zum Zweiten scheint es Menschen leichter zu fallen, Fragen über Behinderungen an Kinder, Jugendliche oder junge Erwachsene zu richten. Je größer der

Altersunterschied zwischen Fragendem und Befragtem ist, desto leichter fällt es, diese Fragen zu stellen. Aufgrund des Altersunterschiedes fällt es dem Jüngeren schwer, entsprechend abgeklärt zu reagieren.

Zum Dritten hängt es sehr von den speziellen Umständen ab. Wenn ein Berufsanfänger nach dem ersten Job sucht, ist er eher geneigt, diese unverhältnismäßigen Fragen zu beantworten, da er den Interviewer nicht vor den Kopf stoßen oder verärgern will. Die Situation ist eine andere, wenn jemand für einen Job interviewt wird und sich aus einer gesicherten Stelle in einem Unternehmen heraus bewirbt. In diesem Szenario kann der Bewerber selbstbewusster und selbstsicherer auftreten, da er/sie auf den neuen Job nicht angewiesen ist.

Auch wenn diese respektlosen Fragen aufgrund von Anti-Diskriminierungsgesetzen nicht mehr zugelassen sind, kann ich jedem Menschen mit Behinderung nur dazu raten, sich vor einem Bewerbungsgespräch darauf vorzubereiten, wie man auf solche Fragen reagiert.

Die extremen Reaktionen sind auf der einen Seite, dass eine solche Frage als ein No-Go empfunden wird. Das hieße, dass ich das Gespräch beende und meine Bewerbung zurückziehe. Auf der anderen Seite beantworte ich die Frage, wenn sie respektvoll gestellt wird und Bezug zur Arbeitsstelle hat, auf die ich mich beworben habe. Dazwischen gibt es selbstverständlich weitere Variationen einer Reaktion.

In meinem Fall wäre eine akzeptable Frage beispielsweise gewesen: »Ich sehe, dass Sie nur einen Arm haben. Brauchen Sie aufgrund Ihrer bisherigen Erfahrungen irgendwelche Hilfsmittel, die wir Ihnen zur Verfügung stellen können und die Ihnen Ihre Arbeit erleichtern?« Die Frage ist objektiv gestellt und hat einen klaren Bezug zum Job. Sie befriedigt keine persönliche Neugierde wie »Oh Gott, haben Sie nur einen Arm? Wie konnte das denn passieren?«.

Zusammenfassend kann man sagen, dass der Umgang mit dieser Art von Fragen sehr situativ und kontextabhängig ist. Gerade deshalb ist es aber wichtig, dass man darauf vorbereitet in ein Gespräch geht und die rote Linie vorab für sich definiert.

Verschleiern des Offensichtlichen

Mir fehlt nicht nur mein gesamter linker Arm, sondern auch meine linke Schulter ist nicht vollständig ausgeprägt. Eine Armprothese hätte diese Disproportionalität optisch ausgleichen können. Dennoch hatte ich mich gegen das Tragen einer Prothese entschieden, da diese meine Bewegungsfreiheit und meine Mobilität in einem erheblichen Umfang eingeschränkt hätte. Somit konnte jeder, der mich traf, auf Anhieb meine Behinderung erkennen, da sich unsere Oberbekleidung wie ein Pullover, ein T-Shirt oder ein Hemd, der Form des Körpers anpasst. Ich fühlte mich seit ich denken kann unwohl, den oft neugierigen Blicken meiner Mitmenschen ausgesetzt zu sein.

Wie konnte ich dem nun Abhilfe schaffen? Eine Strategie war das Tragen eines dicken Anoraks oder einer dicken Jacke, sodass die Disproportion meines Körpers kaschiert wurde. Das funktionierte im Winter, wenn es draußen kalt war, ganz gut; im Sommer allerdings war es schwer umzusetzen.

Bevor ich auf den beruflichen Kontext eingehe, möchte ich noch eine Begebenheit aus meiner Kindheit schildern. Es war ein heißer und schwüler Sommertag, als meine Eltern und ich meine Oma im Pflegeheim besuchten. Trotz der Hitze trug ich meinen dicken Anorak, um meine Behinderung vor den Blicken Fremder zu verbergen. Während meine Mutter meine Großmutter im Pflegeheim besuchte, warteten mein Vater und ich draußen.

Ein alter Mann schaute aus dem Fenster des Pflegeheims und starrte mich länger an: Nach einiger Zeit fragte er meinen Vater, ob ich behindert sei und mir der linke Arm fehle. Mein Vater bejahte dies mit bedauernder Stimme. Daraufhin entgegnete der alte Mann, dass ich und mein Vater sehr bemitleidenswert seien. Uns beide hätte ein hartes Schicksal getroffen. Mein Vater sah bekümmert und traurig aus; er ließ die Aussage unkommentiert stehen.

Das machte mich sehr betroffen und unglücklich, aber auch wütend: Warum stand mein Vater nicht zu mir und verteidigte mich oder maßregelte den alten Mann für seinen verletzenden und respektlosen Kommentar? Ich hatte mir damals so sehr gewünscht, dass er mich mit starker und sicherer Stimme verteidigte und sich schützend vor mich stellte.

Dies ist nur ein Beispiel von vielen, wie ich in jungen Jahren versuchte, meine Behinderung zu kaschieren. Ich begann mein Verhalten als Kind erst dann zu überdenken, als meine Mutter mich einmal zur Seite nahm und mich auf meine Versuche, meine Behinderung zu verstecken, ansprach. Sie sagte mir, dass ich besser dazu stehen solle und dass es sehr befremdlich wirkt, wenn ich bei sommerlichen Temperaturen eine dicke Jacke tragen würde. Ich sei nun einmal so geboren und es gebe keinen Grund, diese Tatsache zu verstecken. Ich müsse lernen mit den Reaktionen anderer Leute umzugehen. Nicht ich und meine Behinderung seien das Problem, sondern die Reaktionen meiner Mitmenschen darauf. Ihre Sichtweise leuchtete mir ein, es fiel mir aber dennoch schwer, meine Verhaltensweise zu ändern, zu groß war die Scheu.

Auch als junger Erwachsener und zu Beginn meines Berufslebens war es mir wichtig, dass meine Mitmenschen nicht von Anfang an bemerkten, dass ich behindert war.

Bei meiner Tätigkeit als Auszubildender zum Bankkaufmann kam mir entgegen, dass es zum guten Ton gehörte, während der Arbeit ein Sakko zu tragen. Das Sakko mit gestärktem Schulterbereich vermittelte Kunden und Menschen, die mich nicht kannten, den ersten Eindruck, dass mit mir alles ganz normal sei.

Allerdings zeigte sich dann in der Interaktion mit dem Kunden sehr schnell, dass ich nur einen Arm hatte: Zum Beispiel verrutschte mir beim Schreiben das Papier, da ich es mit der anderen Hand nicht festhalten konnte, ich machte mit nur fünf Fingern Eingaben in den Computer und nicht mit zehn oder ich konnte die Maschine mit den Kontoauszügen nicht bedienen, da man dazu zwei Hände benötigte.

Eine andere Verschleierungstaktik bestand darin, dass ich mich bei Gesprächen mit einer mir zunächst nicht bekannten Person nicht direkt gegenübersetzte, sondern leicht schräg, um dieser Person meine rechte Schulter zuzuwenden. So war es für den Betrachter im ersten Moment nicht ersichtlich, dass mir der linke Arm fehlte.

Ich erinnere mich noch gut daran, dass ich in einem Vorstellungsgespräch diese Taktik anwandte. Am Ende des Gesprächs fragte mich der Interviewer, warum ich zu verbergen versuche, dass mir mein linker Arm fehlt. Ich verneinte vehement, dass dies meine Absicht sei, was mir mein Gegenüber aber nicht glaubte. Im Laufe der Zeit erkannte ich, dass es mir vielleicht am Anfang gelingt, meine Behinderung zu verbergen, dies aber nicht von Dauer ist.

Mittlerweile versuche ich, mich neuen, mir unbekannten Leuten gegenüber möglichst unverkrampft zu verhalten. Je früher sie Notiz davon nehmen, dass mir ein Arm fehlt, desto besser ist es für mich und alle Beteiligten. Ich lernte auch, die Frage zu beantworten, wie es dazu gekommen sei, dass ich »nur« einen Arm hätte, wenn sie mir denn gestellt wurde. Ich nahm mir aber das Recht heraus, auf Nachfragen zu weiteren Details nicht einzugehen.

Reflexion: Es gibt Behinderungen, die offensichtlich sind, wie zum Beispiel die eines Rollstuhlfahrers, andere sind nur schwer auf den ersten oder sogar zweiten Blick zu erkennen. Es sollte daher jedem Menschen mit Behinderung selbst überlassen bleiben, wie er mit dem Thema umgeht, da es eine sehr persönliche Entscheidung ist, ob man darüber sprechen möchte oder nicht.

Ich wünsche mir jedoch, dass jeder, der das erste Mal auf Menschen mit Behinderung trifft, es ihnen selbst anheimstellt, ob sie ihre Behinderung thematisieren wollen. Das gilt insbesondere dann, wenn die Behinderung nichts mit dem Inhalt des Gesprächs zu tun hat.

Wenn es beispielsweise in der Konversation um den Austausch von Restaurantempfehlungen geht, wäre es unpassend, einen Rollstuhlfahrer auf dessen Behinderung anzusprechen. Auch wenn der Rollstuhlfahrer bemängelt, dass es in einem bestimmten Restaurant immer noch keinen barrierefreien Zugang gibt, ist das meines Erachtens noch kein Grund, den Behinderten nach dem Grund seiner Behinderung zu fragen.

Geht es aber um die behindertengerechte Ausgestaltung eines Arbeitsplatzes, so ist es wichtig, in einem offenen Dialog zu erfahren, welche Barrieren beseitigt werden müssen. Das Gespräch sollte die Behinderung auf der Sachebene behandeln. Warum jemand behindert ist, tut nichts zur Sache.

Ob der Grund einer Behinderung thematisiert wird, ist die alleinige Entscheidung des Menschen mit Behinderung. Dies ist ein sehr persönliches Thema. Man stelle sich nur eine andere Situation vor, in der sich zwei Menschen das erste Mal treffen und einer von ihnen hat bunt gefärbte Haare. Wenn es nicht zur Klärung eines Sachverhalts beiträgt, wird das Thema nicht angesprochen. Jemandem den Grund für eine Behinderung mitzuteilen ist eine sehr persönliche Entscheidung und setzt Vertrauen voraus. Es ist beispielsweise damit zu vergleichen, wann und unter welchen Umständen man einem anderen die Beweggründe für seine Scheidung mitteilt. Das macht man normalerweise nicht bei einem ersten Treffen.

Behinderung gleich Minderleistung?

Fairness und Gleichbehandlung sollten grundlegende und für alle geltende Prinzipien im Arbeitsumfeld sein. Es ist daher nicht fair, die berufliche Leistung von Menschen mit Behinderung direkt mit der von Nichtbehinderten zu vergleichen, da dies die individuellen Umstände und Herausforderungen nicht angemessen berücksichtigt.

Menschen mit Behinderung können aufgrund ihrer individuellen Fähigkeiten und Erfahrungen genauso kompetent und leistungsfähig sein wie Nichtbehinderte. Es ist jedoch wichtig, anzuerkennen, dass Menschen mit Behinderung möglicherweise bestimmte Anpassungen oder Unterstützung benötigen, um ihre volle Leistungsfähigkeit zu erreichen. Arbeitgeber sollten daher geeignete Vorkehrungen treffen, um sicherzustellen, dass Menschen mit Behinderung die gleichen Möglichkeiten haben, erfolgreich zu sein.

Trotz dieser Maßnahmen wird es aber immer bestimmte Bereiche geben, in denen ein Mensch mit Behinderung nicht die gleiche Leistung erbringen kann wie ein Nichtbehinderter. Das war bei mir zum Beispiel der Fall, wenn es um das Anfertigen von Präsentationen, das Schreiben von E-Mails und das Verfassen von Word-Dokumenten ging. Mittlerweile steht Diktiersoftware zur Verfügung, die Gesagtes in geschriebenen Text umwandelt, aber so etwas gab es in den ersten Jahren meines Berufslebens nicht. Auf diesen Hintergrund basiert folgendes Erlebnis:

Ich war zum Leistungsbeurteilungsgespräch am Jahresende bei meinem Chef eingeladen. Es war ein Jahr, in dem ich viel erreicht und geleistet hatte: Ich hatte einen Stellenabbau erfolgreich umgesetzt, eine Rekrutierungsstrategie entwickelt und implementiert und ein Weiterbildungsprogramm für Führungskräfte konzipiert und gelauncht. Das alles konnte ich nur durch Überstunden erreichen, die Regelwochenarbeitszeit von vierzig Stunden reichte dafür nicht aus.

Ein wichtiger Teil meiner Arbeit bestand darin, Präsentationen in MS PowerPoint anzufertigen und Richtlinien und andere Texte in MS Word zu verfassen. Für meine Arbeit hatte ich im Kollegenkreis und von der Geschäftsleitung viel Lob und Anerkennung erhalten.

Ich sah daher dem Leistungsbeurteilungsgespräch mit meinem Chef freudig entgegen, da ich mir sicher war, dass meine Leistungen die Anforderung bei weitem übertroffen hatten.

Im Gespräch bestätigte mein Vorgesetzter auch, dass er mit der Qualität meiner Arbeit und den Ergebnissen höchst zufrieden war. Er müsse bei seiner Leistungsbeurteilung jedoch auch berücksichtigen, wie ich die Arbeitsergebnisse erzielt hätte und das sei wenig produktiv und effizient gewesen. Ich hätte eine Vielzahl von Überstunden angehäuft, obwohl meine Arbeit »normalerweise« ohne Probleme in der Regelarbeitszeit hätte erledigt werden können.

Auf meine Nachfrage hin, was er denn unter »normalerweise« verstünde, sagte er, dass ich aufgrund meiner Einschränkungen unverhältnismäßig viel Zeit für Präsentationen und Texte gebraucht hätte. Wäre ich in der Lage gewesen, das schneller zu erledigen, hätte ich noch andere Aufgaben übernehmen können. Als Leiter eines Teams müsse er sicherstellen, dass alle Mitarbeiter fair und nach gleichen Maßstäben behandelt werden. Da ich zwar qualitativ hochwertige Arbeit abgeliefert, dafür aber ineffizient gearbeitet hätte, wäre meine Leistung für das Jahr insgesamt mit »zufriedenstellend« zu bewerten. Ich fühlte mich wie vor dem Kopf gestoßen und war so perplex, dass ich nichts darauf erwidern konnte.

Reflexion: Unbestritten ist die Beurteilung der Leistung von Mitarbeitern eines Teams nach einheitlichen Maßstäben wünschenswert. Der Gleichbehandlungsgrundsatz muss allerdings berücksichtigen, dass Umstände, die nicht in der Person des Mitarbeitenden liegen, nicht für die Beurteilung herangezogen werden dürfen.

In meinem Fall hätte das bedeutet, dass ich aufgrund meiner Behinderung länger brauchte, um Texte zu schreiben oder Präsentationen zu erstellen, nicht in die Leistungsbeurteilung hätte miteinbezogen werden dürfen. Ich hatte als Berufsanfänger nicht den Mut, gegen die Leistungsbewertung meines Chefs vorzugehen. Da ich meinen Vorgesetzten eigentlich als motivierend und mich fördernd erlebt habe, bin ich mir sicher, dass er nach seinen allgemeinen Leistungs- und Beurteilungskriterien gehandelt hatte und ihm somit keine böse Absicht unterstellt werden kann. Dennoch war seine Bewertung meiner Leistung falsch.

Ich erachte es als sehr wichtig, dass in den Unternehmen spezielle Schulungen für Vorgesetzte durchgeführt werden, in denen die Grundlagen von Gleichbehandlung und Antidiskriminierung in der Arbeitswelt besprochen und diskutiert werden.

Eine andere flankierende Maßnahme sollte sein, Arbeitnehmern und Arbeitnehmerinnen mit Behinderung einen Mentor oder eine Vertrauensperson zur Seite zu stellen, um ihnen die Möglichkeit zu geben, Erlebtes zu besprechen. Anlaufstelle könnte dabei ein bereits etablierter Gleichstellungsbeauftragter oder ein Anti-Diskriminierungsbeauftragter sein. Dies müsste allerdings eine speziell auf die Bedürfnisse von Menschen mit Behinderung zugeschnittene Schulung sein, um wirklich kompetent Ratschläge geben zu können.

Im Rampenlicht

In einem Unternehmen hatte ich einen hervorragenden Manager. Er akzeptierte mich so wie ich war und erkannte mein Potenzial. Als er in eine andere Position befördert wurde, war er es, der sich dafür einsetzte, dass ich sein Nachfolger werden würde. Ich fühlte mich jedoch für diese Aufgabe noch nicht kompetent und sicher genug, hatte aber aus Erfahrung gelernt, meine Chance zu ergreifen. Einige Gespräche und Interviews später wurde meine Beförderung offiziell. Ich war sehr stolz, auch wenn ich wusste, dass ich große Erwartungen zu erfüllen hatte.

Meine Herangehensweise war es normalerweise, in den Job langsam hineinzuwachsen, doch da hatte ich die Rechnung ohne meinen Chef gemacht.

Wir waren gemeinsam auf einer globalen firmeninternen Human Resources Veranstaltung in den USA. Wie es meine Art war, hielt ich mich bei Diskussionen zurück und hatte auch nicht das Bedürfnis, Ergebnisse von Gruppenarbeiten auf dem Podium zu präsentieren. Mein Chef hielt es aber für wichtig, dass ich mich, neu in meiner Rolle, den teilnehmenden Kollegen und Kolleginnen präsentieren konnte, um meinen Bekanntheitsgrad zu steigern. Man muss hierbei bedenken, dass es in den USA unerlässlich ist, sich nach außen hin gut zu verkaufen. »Leisetreten«, so wie es meine bevorzugte Herangehensweise war, ist der Karriere und dem beruflichen Weiterkommen nicht förderlich.

Mein ehemaliger Vorgesetzter nötigte mich am Ende einer Gruppenarbeit dazu, die Ergebnisse dem Auditorium auf dem Podium zu präsentieren. Ich versuchte angestrengt, den Kelch an mir vorübergehen zu lassen, ich täuschte sogar Kopfschmerzen vor. Tief im Inneren ging es jedoch darum, dass ich als unbekanntes Teammitglied auf der Bühne »präsentiert« wurde, und jeder meine körperliche Behinderung sehen würde. Es gab keinen Ausweg. Ich musste auf das Podium.

Bevor es zu meinem Auftritt kam, überlegte ich mir, wie ich mich am besten auf dem Podium positionieren könnte, und zwar so, dass meine Behinderung am wenigsten ins Auge fallen würde – ein unmögliches Unterfangen. Der Weg zum Podium kam mir endlos vor. Meine Knie zitterten, meine Kehle war wie zugeschnürt und mein Puls raste. Mir gelang es erst auf den letzten Metern, meine Atmung zu verlangsamen und meine Stimme wiederzufinden.

Es gelang mir am Ende, die Ergebnisse der Gruppenarbeit vorzutragen, auch wenn ich mit meiner Leistung nicht sehr zufrieden war. Ich sprach zu schnell und leise. Zumindest war ich durch meinen Auftritt nun ein bekanntes Gesicht bei den Teilnehmenden der Konferenz geworden.

Reflexion: Für introvertierte und schüchterne Menschen braucht es aufmerksame, sensible Mitmenschen, wie den Manager in meinem Beispiel, die wissen, worauf es ankommt und die einem den nötigen »Kick« geben, die Komfortzone zu verlassen.

Unternehmen benötigen, generell gesprochen, Führungskräfte, die die Potenziale ihrer Beschäftigten erkennen, sie fördern und fordern. Vielleicht trifft das auf Menschen mit Behinderung in besonderem Maße zu. Bei ihnen ist, wie bei mir, eine Tendenz zum Introvertierten vorhanden. Für Menschen mit Behinderung erfordert es viel Courage und Selbstbewusstsein, sich auf das Podium zu stellen, wissend, dass alle Blicke auf sie gerichtet sind.

Das kann man üben, indem man sich mental darauf vorbereitet, was einen erwartet und sich mit seinen Ängsten im Vorfeld auseinandersetzt. Wer in seiner beruflichen Laufbahn vorankommen will, kommt nicht umhin, sich vor größeren oder kleineren Gruppen zu präsentieren.

Die verspätete Beförderung

Besonders am Anfang meiner Karriere hatte ich gute Manager, die Potenzial in mir sahen und mein Talent erkannten; sie förderten mich. Jeder ging unterschiedlich mit meiner Behinderung um. Die einen waren mehr fürsorglich, andere ignorierten meine Behinderung fast vollständig. Dennoch hatte ich im Laufe meines Berufslebens häufig das Gefühl, mich besonders beweisen zu müssen, zu zeigen, dass ich bereit bin, die extra Meile zu gehen.

Mein Antrieb war, den gleichen Output wie meine Kollegen ohne Behinderung zu liefern. Das bedeutete, dass ich zusätzliche Stunden arbeitete, um mein Handicap bei der Erstellung von Texten und Präsentationen auszugleichen.

Im Rückblick setzte ich mich bestimmt zu oft selbst unter Druck. Hinzu kam, dass ich zum Perfektionismus tendierte: gute Analysen und Ausarbeitungen waren für mich die Grundlage, um Kompetenz und Verlässlichkeit auszustrahlen. Deshalb äußerte ich mich ungern zu Themen, in denen ich mich nicht gut auskannte. Das spiegelte sich auch darin wider, dass ich mich nur für offene Stellen interessierte, wenn ich die dort verlangten Anforderungen allesamt erfüllte.

Als bekannt wurde, dass mein damaliger Manager, der Personalleiter einer Region, das Unternehmen verließ, war ich überrascht und unvorbereitet, da ich mit seiner Kündigung nicht gerechnet hatte. Die Geschäftsführung machte sich bald Gedanken zur Nachbesetzung.

Ich dachte darüber nach, meinen Hut in den Ring zu werfen, obwohl ich mich noch nicht für erfahren genug hielt, Verantwortung für ein großes Team zu übernehmen und ich für Aufgabenbereiche zuständig gewesen wäre, die für mich Neuland waren. Meine Expertise lag im Bereich der operativen Personalarbeit und Vergütungs- und Zusatzleistungssystemen, dagegen kannte ich mich weniger in Fragen der Gehaltsabrechnung und Personalentwicklung aus. Da Fachkompetenz ein wichtiger Motor für mich war und mir die nötige Sicherheit im Auftreten gab, entschied ich, mich nicht für den Job zu bewerben.

Ich habe viel darüber nachgedacht, warum mir Kompetenz so wichtig war: Ich denke, sie bildete ein Gegengewicht dazu, dass ich aufgrund meiner Behinderung schüchtern war, etwas vor Fremden zu präsentieren. Die inhaltliche Kompetenz gab mir die Sicherheit, die mir mein äußeres Erscheinungsbild nicht gab.

Einige Tage später kam der Geschäftsführer auf mich zu und lud mich zu einem Gespräch ein. Er fragte mich, wie es mir ginge und was meine Ambitionen seien. Ich antwortete, dass ich den Weggang meines bisherigen Vorgesetzten sehr bedauere, da ich viel von ihm lernte. Als der Geschäftsführer mich direkt fragte, ob ich mir zutraue, die Leitungsstelle zu übernehmen, erwiderte ich, dass es zu früh für mich sei, da ich mich noch nicht für kompetent genug hielt.

Ich nahm eine gewisse Enttäuschung in der Reaktion des Geschäftsführers wahr, doch er hakte nicht weiter nach. Er sagte, dass er nun eine externe Suche für die Nachfolge meines Vorgesetzten in die Wege leiten werde. Da es jedoch ausgeschlossen war, jemanden zu finden, der die Aufgaben meines bisherigen Chefs nach dessen Weggang sofort übernehmen konnte, sei es notwendig, dass ein Interims-Manager zum Einsatz kam, um die Aufgaben koordinierend weiterzuführen. Der Geschäftsführer dachte dabei an mich, da ich die meiste Berufserfahrung im Team hatte.

Ich fühlte mich sehr geehrt, wies aber erneut auf meine Wissensdefizite hin, um alle Aufgabengebiete kompetent abdecken zu können. Der Geschäftsführer wischte meine Bedenken vom Tisch und sagte, dass er das wisse und ich die paar Monate der Interimsleitung bestimmt gut meistern werde. Ich stimmte am Ende zu, die Aufgabe zu übernehmen, auch wenn ich sehr nervös war.

Zu meiner Verwunderung machte mir die Interimsleitung zunehmend Spaß. Ich wurde von meinen Kollegen von Anfang an respektiert, es gab also keine Abwehrreaktionen oder Vorbehalte mir gegenüber. Ich arbeitete mich intensiv in mir unbekannte Themen ein, realisierte aber auch, dass ich Experten im Team hatte, welche die mir fremden Arbeitsbereiche wie Gehaltsabrechnung oder Personalentwicklung abdeckten. Meine Aufgabe bestand darin, ihre Arbeit gegenüber der Geschäftsleitung zu vertreten und ihnen einen umfassenden Einblick in die Arbeitsabläufe und Zielsetzungen des Unternehmens zu geben, damit sie die richtigen Prioritäten setzen konnten.

Ich arbeitete mich erfolgreich ein und wurde ein respektierter Partner des Geschäftsführers und der erweiterten Unternehmensleitung. Der Job machte mir richtig Spaß und so verdrängte ich zunehmend dessen Interims-Charakter.

Es traf mich daher völlig unvorbereitet, dass einige Monate später der Geschäftsführer auf mich zukam, um mir zu sagen, dass die externe Suche nach einer Nachfolge für meinen ehemaligen Manager erfolgreich gewesen sei. Seine Nachfolgerin sollte in wenigen Tagen ihre Arbeit im Unternehmen beginnen.

Anstatt erleichtert zu sein, dass ich die zusätzliche Verantwortung der Interimsleitung on top zu meinem bisherigen Job wieder abgeben konnte, fiel ich in ein tiefes Loch. Ich hatte in den vergangenen Monaten so viel über mich gelernt und mich weiterentwickelt, dass mir eine Reduzierung auf meinen eigentlichen Job wenig attraktiv erschien. Ich bereute es sehr, dass ich mich nicht für die permanente Nachfolge beworben hatte und musste nun mit den Konsequenzen leben.

Ich versuchte, etwas Positives zu sehen, nämlich, dass ich von der neuen Managerin neue Aspekte lernen würde, die mich später zu ihrem Nachfolger machen würden. Die Nachfolgerin trat nun ihre Stelle an und ich wurde bald enttäuscht: Da gab es nichts, was ich von ihr lernen konnte. Sie war in meinen Augen in vielen Bereichen nicht kompetent und ihr fehlte die Fähigkeit, zuzuhören. Sie verfügte nicht über jene Eigenschaften, die ich für essenziell hielt, um in diesem Job erfolgreich zu sein. Sie hatte die Position aber erhalten, hatte sich also gut verkauft.

Mir blieb nichts anderes übrig, als von der Seitenlinie zuzuschauen und meine Entscheidung, mich nicht für die Position beworben zu haben, bitterlich zu bereuen. Am Ende wäre es vielleicht gar nicht so wichtig gewesen, ob ich den Job tatsächlich bekommen hätte oder nicht. Ich hatte es nicht einmal versucht, mich für die Stelle zu bewerben – und das schmerzte.

Die Monate gingen ins Land und ich trug mich schon mit dem Gedanken, mich von dem Unternehmen zu trennen und mein Glück woanders zu suchen, als der Geschäftsführer mich zum Gespräch bat. Er verkündete, dass die Personalleiterin das Unternehmen verlassen werde. Mit einem Zwinkern in den Augen fragte er mich, ob ich bereit sei, ihre Position zu übernehmen, was ich mit einem Strahlen im Gesicht bejahte.

Reflexion: Die Lehre dieser Episode hat natürlich nicht nur mit meiner Behinderung zu tun, sondern lässt sich auf viele andere Gegebenheiten und Personen übertragen. Es sind diese Selbstzweifel in uns, die unsere größten Entwicklungshindernisse darstellen können. Selbstzweifel triggern mangelndes Selbstbewusstsein und können verschiedene Gründe haben.

Eine Ursache kann fehlendes Fachwissen sein, eine andere das Fehlen von bestimmten Kompetenzen, wie Sprachkenntnisse oder Soft Skills oder aber eine Behinderung. Oftmals ist es eine Kombination verschiedener Aspekte.

Es ist zum Beispiel wissenschaftlich erwiesen, dass sich Frauen erst dann für eine Position bewerben, wenn sie alle gestellten Anforderungen an den Job erfüllen, im krassen Gegensatz zu Männern, die hier »Mut zur Lücke« haben. Mir sind keine wissenschaftlich fundierten Erkenntnisse zum Verhalten von Menschen mit Behinderungen bekannt, doch zeigt meine Erfahrung, dass sie sich ähnlich wie Frauen verhalten.

Meine Schlussfolgerung, die mich daraufhin durch mein weiteres Berufsleben begleitet, ist es, selbstbewusster zu agieren, ohne dabei arrogant und überheblich zu wirken. Denn man kann sich nicht darauf verlassen, den richtigen

Manager oder Sparringspartner an seiner Seite zu haben, der einem den richtigen Kick im richtigen Moment gibt.

Ist es eine Schwäche, sich helfen zu lassen?

Hilfe anzunehmen, gehörte definitiv nicht zu meinen Stärken. Es kam mir wie das Eingeständnis meiner eigenen Begrenzungen vor und das entsprach nicht meinem Selbstbild. Ich war permanent bestrebt, mir und anderen zu beweisen, dass ich mein Leben und die damit verbundenen Aktivitäten autark organisieren und meistern konnte. Mit stoischer Geduld verbrachte ich zum Beispiel sehr viel Zeit, um einen Nagel in die Wand zu schlagen, was mit einer Hand wirklich nicht einfach ist. Gleiches galt für das Aufbauen von Möbeln und das Transportieren von schweren Gegenständen. Es gab nichts, was ich nicht erst einmal selbst ausprobierte.

Zu meinem Beruf gehörte es unter anderem, das Unternehmen auch nach außen zu repräsentieren und interne Talente kennenzulernen, um sie in ihrer Entwicklung und Karriereplanung zu fördern sowie die Teilnahme an Business- oder Budgetreviews.

Wenn Meetings die Anwesenheit der Mitarbeitenden erforderlich machten, wurden die Teilnehmenden danach von der Unternehmensleitung oft zu einem gemeinsamen Abendessen eingeladen. So trug es sich zu, dass das Meeting am Ende eines Businessreviews in einem Restaurant ausklang. Zu dieser Gelegenheit kamen circa fünfzehn Personen zusammen. Ich war kein großer Fran solcher abendlichen Veranstaltungen, da ich als Frühaufsteher nach einem langen, intensiven Arbeitstag meine Entspannung am Abend brauche. So saß ich in trauter Runde mit meinen Kollegen in einem Steakhaus, welches für sein exzellentes argentinisches Rind bekannt war. In der Regel wurden Bestellungen à la carte aufgegeben, was den Vorteil hatte, dass sich jeder nach seinem eigenen Gusto ein ihm zusagendes Gericht aussuchen konnte.

An diesem Abend war das Menü aber bereits von der Assistenz der Geschäftsführung vorbestellt worden, um Zeit zu sparen. Ich bevorzugte es, mir mein Essen selbst auszusuchen, da ich so ein Gericht auswählen konnte, dass leicht mit einer Hand verspeist werden konnte. Deshalb hatte ich eine Vorliebe für Fisch, der einfach mit der Gabel portioniert werden kann, ein Ragout mit bereits mundgerecht geschnittenem Fleisch und vegetarische Gerichte.

Da das Restaurant für seine Steaks bekannt war, wurde das auch zentral für alle vorbestellt. Natürlich wurde vorab jeder Gast gefragt, ob er mit der Wahl der Bestellung einverstanden wäre oder ein alternatives Gericht geordert werden sollte. Ich musste dieses E-Mail übersehen haben. Mir bereitete es nun Kopfzerbrechen, wie ich es schaffen würde, das Fleisch mit einer Hand zu schneiden. Menschen mit zwei Armen halten in einer Hand eine Gabel, mit der sie das Objekt fixieren und mit der anderen Hand führen sie das Messer. Ich konnte mit meiner einen Hand nur das Messer führen, was bedeutete, dass ich damit das Fleisch mehr durchdrückte als schnitt.

An diesem Abend kam es, wie es kommen musste: Das Fleisch war hervorragend zubereitet, aber aufgrund der Konsistenz musste es geschnitten und nicht einfach »durchgedrückt« werden. Wie es meine Art nun war, wollte ich nicht auffallen und die Herausforderung selbst meistern. Das gestaltete sich allerdings wie erwartet schwierig. Ich konnte zwar ein erstes Stück abschneiden, doch es fiel sehr groß aus. So nahm ich es mit der Gabel und führte es in den Mund.

Das Kauen bereitete mir aufgrund der Größe und der Zähigkeit allerdings Schwierigkeiten. Es bildete sich ein großer Klumpen in meinem Mund, der sich selbst mit Flüssigkeit nicht herunter spülen ließ. So kam es, dass ich mich laut verschluckte und den Brocken ausspuckte.

Ohne Frage war die Aufmerksamkeit des Tisches nun auf mich gerichtet. Auch dem Personal des Restaurants war das Malheur nicht entgangen. Ein Kellner kam auf mich zu und bot mir an, das Fleisch zu schneiden. Nolens volens stimmte ich zu. Der Teller wurde mit in die Küche genommen und kam kurze Zeit später mit dem geschnittenen Steak zurück.

Mir war die ganze Situation äußerst peinlich und unangenehm – in meinen Augen wurden damit alle Zeuge meiner eigenen Unfähigkeit. Ein Kollege, der neben mir saß, sprach mich an: »Warum hast du mich nicht gebeten, dir beim Schneiden des Fleisches zu helfen. Ich hätte es gerne gemacht.« Eine vernünftige Entgegnung kam mir nicht über die Lippen, weil mir in diesem Moment klar wurde, dass er recht hatte. Hätte er mir geholfen oder hätte ich den Kellner im Vorfeld gebeten, mir das Fleisch zu schneiden, wäre das ganze Missgeschick nicht passiert. Warum fiel es mir nur so verdammt schwer, über meinen Schatten zu springen und um Hilfe zu bitten?

Reflexion: Ich gebe zu, dass es mir auch heute noch schwerfällt, um Hilfe zu bitten, und das, obwohl ich in nahezu allen Fällen, in denen ich um Hilfe bat, hilfsbereiten Mitmenschen begegnet bin. Ich kann nur jeden Menschen mit Behinderung ermutigen, offen nach Hilfe zu fragen, um jene Situationen zu meistern, die man allein nicht oder nur schwer bewerkstelligen kann. Meine Erfahrung zeigt, dass die Mitmenschen einen gerne und bereitwillig unterstützen.

Ich versuche mich nun zu motivieren, häufiger nach Hilfe zu fragen, indem ich mir sage, dass dies eine Gelegenheit ist, eine neue Person kennenzulernen. Es ist bestimmt richtig und wichtig, dass Menschen mit Behinderung viele Dinge eigenständig machen sollten, auch wenn es manches Mal etwas länger dauert. Aber dürfen Menschen mit Behinderung nicht auch einmal bequem sein?

Auch wenn ich mir meine Schnürsenkel selbst binden kann, gelingt es mir mittlerweile immerhin, meine Frau um Hilfe zu bitten, da es mir in manchen Momenten einfach zu anstrengend ist.

Mein abschließender Rat ist es, mit mehr Leichtigkeit mit dem Thema »um Hilfe bitten« umzugehen. Jeder Mensch mit Behinderung weiß, was er kann. Es ist kein Zeichen von Unfähigkeit oder Abhängigkeit, Mitmenschen um Hilfe zu bitten und angebotene Hilfe anzunehmen.

Die Herausforderung bei der Dienstwagenbestellung

Wenn man die Karriereleiter emporsteigt, erreicht man in Deutschland und anderen Ländern ein Level, der dazu berechtigt, einen Dienstwagen zu fahren. Das Fahren eines Dienstwagens setzt voraus, dass man im Besitz eines gültigen Führerscheins ist. Ich habe seit dem neunzehnten Lebensjahr eine Fahrberechtigung. Die einzige Auflage, die ich aufgrund meiner Behinderung bekam, war, dass ich nur Pkws mit automatischem Getriebe fahren darf. Autos mit manueller Gangschaltung hätten erfordert, dass ich beim Wechseln des Gangs meine eine Hand vom Lenkrad lösen müsste, um Schalten zu können. Das war aufgrund der Verkehrssicherheit nicht erlaubt.

Nun war der große Tag gekommen: Ich wurde in eine höhere Position befördert, die mich berechtigte, einen Dienstwagen zu bestellen. Ich persönlich mache mir nicht viel aus Autos und sehe sie eher als praktisches Tool an, um sich von A nach B fortzubewegen. Dennoch erfüllte mich ein gewisser Stolz über das Erreichte. Mein Beförderungsschreiben war fertiggestellt und ich nahm einen Termin bei meinem Chef wahr, zu dem er mich eingeladen hatte, um mir das Schreiben auszuhändigen.

Das Gespräch lief wie erwartet gut und meine Leistungen für das Unternehmen wurden gelobt und anerkannt. Ich bekam eine angemessene Gehaltserhöhung und dann kam mein Vorgesetzter auf das Dienstwagenbestätigungsschreiben zu sprechen.

An dieser Stelle sei erwähnt, dass ich zwar ein gutes Verhältnis zu meinem Chef hatte, es mir jedoch immer so vorkam, als ob ich aufgrund meiner Behinderung unter besonderer Beobachtung stand. Er machte Kommentare von der Seite, wie zum Beispiel, ob es für mich nicht sehr zeitaufwendig wäre, E-Mails zu schreiben oder Präsentationen zu erstellen. Mir was das Thema unangenehm und deshalb habe ich nicht darauf reagiert. Es war mir peinlich, dass er diese Kommentare auch vor anderen machte. Ich wollte nur als »normaler« Mitarbeiter akzeptiert und respektiert werden.

Als es nun um die Aushändigung des Dienstwagenbestätigungsschreibens ging, zögerte mein Chef. Er sagte, dass er eine Fürsorgepflicht mir gegenüber als sein Mitarbeiter hätte und darüber hinaus die Interessen des Unternehmens vertreten und schützen müsse.

Mir war noch nicht klar, worauf er hinauswollte. Er sagte, er könne mir das Dienstwagenbestätigungsschreiben nicht aushändigen, da er mich aufgrund meiner Behinderung nicht in der Lage sähe, ein Auto zu fahren. Ich musste nach Luft schnappen, weil ich nicht glauben konnte, was ich hörte. Ich empfand seine Beurteilung meiner Fähigkeiten als abwertend und respektlos.

Würde er diese Frage jedem stellen, der erstmalig einen Dienstwagen bekommt, oder nur mir, da ich offensichtlich beeinträchtigt bin. Gibt es nicht auch Unfähigkeiten sogenannter »normaler« Menschen, die nicht wie eine offensichtliche körperliche Behinderung sofort sichtbar sind, sondern verdeckt als psychische Störung oder Alkoholabhängigkeit auftreten?

Ich erwiderte, dass ich im Besitz eines Führerscheins wäre und seit über fünfzehn Jahren fast unfallfrei gefahren bin. Er entgegnete, dass ich die Fahrerlaubnis bestimmt nur mit Einschränkungen und Auflagen erhalten hätte. Er zweifelte an, dass ich sicher und eigenständig ein Fahrzeug führen könnte. Er könne daher die Bestellung eines Dienstwagens für mich nicht befürworten.

Ich war zu betroffen und gedemütigt, um das Gespräch fortzuführen. Ich fühlte mich herabgesetzt und heute würde man sagen, diskriminiert. Wie konnte mir mein Vorgesetzter eine Fähigkeit absprechen, die sogar amtlich durch den Führerschein bestätigt worden war? Das Gefühl der Diskriminierung verwandelte sich in den nächsten Tagen in Wut und Entrüstung. Ich konnte die Sache nicht auf sich beruhen lassen, zu sehr fühlte ich mich in meiner Würde verletzt und als Mensch missachtet.

Ich suchte das vertrauliche Gespräch mit einem Vertreter der Personalabteilung. Es war eine sehr verständnisvolle Person, die die Reaktion meines Chefs nicht nachvollziehen konnte. Zusammenfassend wurde mir bestätigt, dass jeder dienstwagenberechtigte Mitarbeiter bei der Übergabe des Fahrzeugs den Führerschein vorlegen musste, um die Fahrtüchtigkeit nachzuweisen. Mein Chef hätte also keine weitere Handhabe, um die Aushändigung des Dienstwagens zu verhindern.

Einige Tage später wurde ich Besitzer eines Dienstfahrzeugs. Mein Vorgesetzter hat dies nie kommentiert. Ich habe das Thema ihm gegenüber nicht wieder angesprochen. Sein Verhalten mir gegenüber änderte sich nicht. Eine gewisse Grundskepsis meiner Leistungsfähigkeit aufgrund meiner Behinderung spürte ich jedoch weiterhin.

Reflexion: Aus meiner heutigen Sicht wäre es wichtig gewesen, meinen Chef auf dieses Thema noch einmal anzusprechen: In seinen Augen hatte ich ihn nun vielleicht hintergangen, da ich Hilfe von einer dritten Stelle erhalten hatte. Klärung herbeizuführen ist wesentlich, es reinigt die Luft. Selbst wenn man keine gemeinsame Position erreichen kann, so hat man wenigstens seine unterschiedlichen Ansichten ausgetauscht. Wenn nötig, und das hängt wie so oft von den jeweiligen Umständen ab, kann ein solches Gespräch auch im Beisein eines Dritten, zum Beispiel von der Personalabteilung, stattfinden.

Neben der Klärung des konkreten Sachverhalts ist es wichtig, dass die Person, die sich inadäquat und diskriminierend verhalten hat, auf ihr Fehlverhalten hingewiesen wird und aufgefordert wird, es künftig zu unterlassen. Leider erreicht man ohne Sanktionen häufig keine Verhaltensänderung.

Auch wenn es unangenehm ist, rate ich, Situationen offen anzusprechen, um sie zumindest für sich zu bereinigen. Es geht einem danach besser!

Sieg der Besonnenheit

Eine wesentliche Aufgabe eines Personalleiters in einem Land wie Deutschland, wo die Mitbestimmung der Arbeitnehmerschaft einen hohen Stellenwert hat, ist die Führung von Verhandlungen mit der Arbeitnehmervertretung (oftmals der Betriebsrat) über betriebliche Belange, die Konsequenzen für die Belegschaft haben.

Die Rechte des Betriebsrats in Deutschland sind im Betriebsverfassungsgesetz geregelt. Ein zentrales Mitbestimmungsrecht hat der Betriebsrat beispielsweise bei geplanten Personalabbaumaßnahmen aufgrund betrieblicher Umstrukturierungen. Das Führen der Verhandlungen mit dem Betriebsrat obliegt dem Personalleiter.

Die Herangehensweise kann dabei höchst unterschiedlich sein, abhängig davon, wie das Verhältnis zwischen der Geschäftsführung und dem Betriebsrat ist, wie gravierend der Personalabbau ist und welche finanziellen Mittel zum Erreichen einer Vereinbarung (in der Regel eines Interessensausgleichs und eines Sozialplans) zur Verfügung stehen.

Als Personalleiter hatte ich in einem Unternehmen die Aufgabe, einen weitreichenden Stellenabbau umzusetzen. Da mein Verhältnis zum Betriebsrat sehr vertrauensvoll und kooperativ war, erschien es mir angemessen, mit einer konstruktiven Herangehensweise in die Gespräche zu gehen. Das bedeutete, mit offenen Karten zu spielen, die Interessen des Betriebsrats anzuerkennen und die Verhandlungen auf einer rationalen, ergebnisorientierten Ebene zu führen.

Ich hatte meine Verhandlungsstrategie eng mit dem Geschäftsführer abgestimmt, der damit einverstanden war. In einer internationalen Telefonkonferenz mit dem globalen Geschäftsführer (also dem Chef meines Chefs) wurde der Stand der Umstrukturierungsmaßnahmen diskutiert und abgestimmt.

Ein wichtiges Update war dabei meine Einschätzung, wie lange die Verhandlungen mit dem Betriebsrat dauern würden. Da es keine vorgeschriebene zeitliche Begrenzung für die Verhandlungen gab, erschienen mir aufgrund meiner Erfahrung für einen 20-prozentigen Stellenabbau drei Monate realistisch. Der globale Geschäftsführer echauffierte sich über den, seiner Meinung nach, wenig ambitionierten Zeitplan, der wohl ein Ergebnis meiner »weichen« und auf Einvernehmlichkeit ausgerichteten Verhandlungsstrategie sei.

Er war der Auffassung, dass ein tafferes Auftreten zu einem besseren und schnellerem Verhandlungsergebnis mit dem Betriebsrat führen würde. Obwohl der globale Geschäftsführer die Situation vor Ort gar nicht kannte und auch sonst kein Experte für Arbeitsrecht war, verschloss er sich meinen Argumenten und beharrte auf seiner Auffassung.

Am Ende des Gesprächs forderte er von mir, dass ich beim nächsten Meeting einen aggressiveren und »ambitionierteren Zeitplan« präsentieren sollte. So weit so schlecht, möchte man sagen.

Eine Kollegin trug mir wenige Tage später zu, dass sie mit dem globalen Geschäftsführer wenige Tage später zufällig im selben Flugzeug gesessen hat und ein Telefonat von ihm mitverfolgte, in dem er sich lautstark über meine, seiner Meinung nach, dilettantische Verhandlungsführung mit dem Betriebsrat echauffierte. Er sagte, dass die Gesprächsführung wesentlicher taffer und ambitionierter laufen würde, wenn er »einen ganzen Kerl« und nicht eine »behinderte Missgeburt« in die Verhandlungen schicken würde. Am Ende des Telefonats sprach er mir die Fähigkeit ab, wegen meiner Behinderung eine Führungsposition in seinem Unternehmensbereich wahrnehmen zu können.

Ich war über die Schilderung meiner Kollegin geschockt und beschämt. Ich war so vor den Kopf gestoßen, dass mir das weitere Gespräch mit meiner Kollegin peinlich war und ich es bald beendete.

Ich überlegte lange, was ich nun tun sollte. Es war für mich wichtig, mich vor dem globalen Geschäftsführer zu beweisen und zu zeigen, dass ich auch mit meiner »soften« Art einen ambitionierten Umsetzungsplan mit dem Betriebsrat erreichen konnte. Obwohl mich sein Kommentar bezüglich meiner Behinderung und die Herabwürdigung meiner Person sehr verletzt hatten, wusste ich nicht, was ich darüber hinaus tun sollte.

Einige Tage später rief mich meine Kollegin wieder an, die die Äußerungen des globalen Geschäftsführers im Flugzeug mitbekommen hatte. Sie sagte, dass sie bereit wäre, gegenüber Dritten zu bezeugen, was sie gehört hätte, wenn ich es wollte.

Aber wollte ich, was mir widerfahren war und was ich als entwürdigend empfand, anderen mitteilen? Dies alles ereignete sich zu einer Zeit, als Unternehmensethik, Unternehmenskultur, Verhaltensrichtlinien und Compliance Hotlines, die (anonyme) Meldungen von Mitarbeitern gegen Verstöße ermöglichen sollten, schon etabliert waren, so auch in meinem Unternehmen.

Es wäre also ein Leichtes für mich gewesen, diesen Vorfall anzuzeigen. Ich tat es schließlich nicht. Und ich weiß gar nicht genau warum: War es deshalb, weil ich um meine weitere Karriere fürchtete, wenn ich die Sache melden würde? Oder war es am Ende vielleicht sogar die Furcht vor dem Verlust des Arbeitsplatzes, da die Unternehmensleitung sicherlich zum globalen Geschäftsführer halten würde? War es, weil ich fürchtete, dass noch mehr »Wind um die Sache« gemacht werden würde, und ich als »Anschwärzer« gebrandmarkt werde, der nicht »Manns genug« ist, diese Dinge selbst und mit offenem Visier anzugehen? War es die Furcht, meine Verwundbarkeit zu zeigen oder absurderweise vielleicht sogar ein Eingeständnis, dass der globale Geschäftsführer recht haben könnte mit seiner Einschätzung? Oder lag es daran, dass ich nicht über meine Behinderung sprechen wollte?

Ich werde nie ergründen, was mich bewegte, nichts zu tun und die Angelegenheit auf sich beruhen zu lassen.

Die Geschichte endete damit, dass ich die Verhandlungen mit dem Betriebsrat über den geplanten Stellenabbau innerhalb von zwei anstatt der veranschlagten drei Monate zum erfolgreichen Abschluss bringen konnte. Dabei änderte ich meine auf Verständigung und Respekt basierende Verhandlungsstrategie nicht. Mit dem globalen Geschäftsführer hatte ich keine weiteren Berührungspunkte, da er kurze Zeit später das Unternehmen verließ. Auch wenn keine offiziellen Gründe für sein Ausscheiden mitgeteilt wurden, so hörte ich gerüchteweise, dass es aufgrund seines Verhaltens geschah.

Reflexion: Mit meiner heutigen Erfahrung würde ich jedem raten, dem so etwas wie mir widerfährt, den Mut aufzubringen, respektloses und entwürdigendes Verhalten anzuzeigen. Hätte ich eine Beschwerde eingereicht, hätte ich gesehen, ob die Firmenleitung zu ihrer propagierten Unternehmenskultur steht, in der viel von Respekt, Vertrauen und Würde im täglichen Miteinander die Rede war.

Ich bewundere das Verhalten meiner damaligen Kollegin sehr, die mir von den abfälligen Äußerungen des globalen Geschäftsführers berichtete. Sie war bereit, für mich auszusagen, wenn ich es gewollt hätte.

Wir brauchen mehr Kollegen wie sie, die Missstände nicht tolerieren, sondern sich dafür einsetzen, sie zu beseitigen. Mein (Nicht-)Verhalten hat mir zwar erlaubt, weiterzumachen, aber die Achtung vor mir selbst hat gelitten, weil ich nicht den Mut aufbrachte, gegen diskriminierendes Verhalten vorzugehen.

Es hat eine lange Zeit gebraucht, bis ich wieder unvoreingenommen in den Spiegel schauen konnte. Das würde ich anderen in ähnlichen Situationen gern ersparen.

Über den eigenen Schatten springen

Ich bin ein großer Fan von Teambuildingmaßnahmen, da es wichtig ist, Zeit mit seiner Arbeitsgruppe zu verbringen, um an der Entwicklung des Teams zu arbeiten und sich besser kennenzulernen. Diese Sessions können für einen ganzen Tag oder einige Stunden organisiert werden, idealerweise außerhalb des regulären Arbeitsumfelds, in dem man sich sonst immer sieht und interagiert. Das bewusste Sich-Herausnehmen aus dem Arbeitsalltag bietet eine Möglichkeit, gemeinsam als Team und als Individuum zu reflektieren, was funktioniert und was bei der Zusammenarbeit verbessert werden kann. Die Basis für ein vertrauensvolles und erfolgreiches Miteinander ist letztendlich, dass sich die Teammitglieder untereinander gut kennen und sich gegenseitig vertrauen.

Eine motivierende Maßnahme kann eine physische Aktivität sein, in der das Team eine oder mehrere Herausforderungen zu meistern hat. Eine Herausforderung wird dabei beispielsweise mit praktischem Geschick, Organisationstalent und sozialer Kompetenz bewältigt. Erfolgreiche Teams setzen die unterschiedlichen Stärken ihrer Teammitglieder ein, vertrauen einander und vereinbaren gemeinsam effiziente Entscheidungsstrukturen bei der Bewältigung der Aufgabe. Als Leiter eines Teams habe ich solche Teambuildingaktivitäten häufig organisiert.

Ich hatte einen Chef, der sehr sportlich, risikofreudig und ambitioniert war. Er hatte zu einem zweitägigen Teambuilding eingeladen, zu dem alle direkt an ihn berichtenden Teammitglieder eingeladen wurden. Das Meeting sollte außerhalb des Büros in ländlicher Umgebung stattfinden. Oft stimmen sich Führungskräfte bei der Zielsetzung und der Gestaltung des Programms mit ihrem Personalverantwortlichen ab. Deshalb einigten wir uns darauf, mit einer externen Agentur zusammenzuarbeiten, die auf die Organisation solcher Events spezialisiert war. In der weiteren Planung mit der Agentur vereinbarten wir, dass eine sportlich-aktive Teamaufgabe auf dem Programm stehen sollte. Ich fand die Idee per se gut, war aber etwas beunruhigt, um was für eine Aufgabe es sich dabei handeln könnte, und ob ich sie mit meiner Behinderung bewerkstelligen könnte.

Wenn ich neu in ein Team kam, war es interessant für mich zu beobachten, dass sich die anfänglichen Irritationen über meine Behinderung meist nach einer gewissen Zeit auflösten. Auf der anderen Seite kann das dazu führen, dass meine Einschränkungen bei der Ausübung bestimmter Aktivitäten nicht berücksichtigt werden. Nicht absichtlich, sondern weil ich als »normales« Teammitglied angesehen werde.

Um dem vorzubeugen, war mein erster Gedanke, bereits in der Planungsphase der anstehenden Teambuildingaktivität zu meinem Chef zu gehen, um ihn zu bitten, bei der Planung der Aktivität auf meine körperliche Einschränkung Rücksicht zu nehmen. Mein zweiter Gedanke war dann aber, dies nicht zu tun, da ich nicht um eine »Extra-Wurst« bitten wollte, die meinen »andersartigen« Status im Team manifestiert. Ich fragte mich auch, ob es nicht andere Teammitglieder gibt, die ebenfalls Einschränkungen haben, die vielleicht nur nicht so offensichtlich sind wie meine Behinderung, wie zum Beispiel Höhenangst oder Farbenblindheit.

Wäre es nicht besser, wenn mein Vorgesetzter bei der Vorbereitung des Teamevents alle Teilnehmenden über ihre potenziellen Einschränkungen befragt, um die richtigen physischen Aktivitäten auswählen zu können? Oder lag nicht gerade der Reiz des Events darin, dass man sich gegenseitig unterstützte, um die eigenen Unzulänglichkeiten zu überwinden? Ich entschied mich letztendlich, meine besondere Situation nicht mit meinem Chef zu diskutieren.

Der Tag des Events rückte näher, und es verging kein Tag, an dem ich nicht mit Magengrummeln an die (sportliche) Aktivität denken musste. Wenige Tage vor der Veranstaltung gab es ein Einladungsschreiben mit Details, was zu erwarten ist und welche Kleidung mitzubringen sei. Es war von wasserfester Kleidung, Wanderschuhen und einer Kopfbedeckung die Rede. Das war ein deutlicher Hinweis darauf, dass es sich um eine Outdooraktivität handeln würde, was meinem Unwohlsein weitere Nahrung gab.

Als wir am Veranstaltungsort angekommen waren und das Programm von den Mitarbeitern der Agentur vorgestellt wurde, war klar, was uns am nächsten Tag erwarten würde: Wir mussten einen Parcours mit verschiedenen Hindernissen durchlaufen. Der Höhepunkt – und für mich der blanke Horror – war die Aufgabe, eine drei Meter hohe Kletterwand als Team zu erklimmen. Mir blieb fast das Herz stehen – wie sollte ich das jemals schaffen?

Der naheliegende Gedanken war, meinen Chef und den Event-Manager zu bitten, mich von dieser Aufgabe zu befreien. Ich spielte verschiedene Ansätze durch, wie ich es am besten angehen könnte. Nach langem Hin und Her entschied ich mich, erst mit meinem Chef zu sprechen. Ich nahm also in einem geeigneten Moment meinen ganzen Mut zusammen und erklärte ihm, dass dieser Hindernisparcours eine fantastische Idee sei, ich mich aber leider nicht imstande sehe, die Kletterwand zu erklimmen. Mein Vorgesetzter entgegnete, dass er bei der Planung dieser Aktivität gar nicht an meine Behinderung gedacht hätte. Er wüsste nun aber auch nicht, was zu tun sei. Er empfahl mir, mit dem Event-Manager zu sprechen, was ich auch tat.

Der Leiter des Event-Teams war ein gut trainierter älterer Mann, dem man die Erfahrung zur Durchführung solcher Events förmlich ansah. Als ich ihm meine Bedenken mitgeteilt hatte, schaute er mich eine Zeitlang an und sagte, dass er keine Notwendigkeit sehe, die Aktivität zu ändern oder zu modifizieren oder mich von der Aktivität zu befreien. Panik stieg in mir auf, und ich sagte, dass ich mich außerstande sehe, die Kletterwand unversehrt zu erklimmen. Er erkannte wohl meine aufflammende Hysterie und schlug vor, dass wir die Dinge einfach auf uns zukommen lassen sollten. Er meinte, ich solle mein Bestes geben, und im Gegenzug versprach er mir, dass ich mich von der Übung zurückziehen könne, wenn ich mich nicht sicher fühle. Dem konnte ich nicht viel entgegnen. Ich hätte es zwar nach wie vor besser gefunden, erst gar nicht teilnehmen zu müssen, aber ich konnte seinen Vorschlag nicht ablehnen, da er vernünftig war. So zitterte ich der Aufgabe entgegen.

Wir wurden in kleine Teams mit jeweils vier Personen eingeteilt und begannen, ausgestattet mit unseren Hilfsmitteln, den Parcours zu durchlaufen. Die ersten Herausforderungen waren für mich machbar: Wir mussten einen Bach überqueren, was erforderte, eine kleine Brücke zu bauen. Wir seilten uns gegenseitig an, um rutschiges Terrain zu durchqueren und mussten uns dann im Weitwurf messen. Die letzte Herausforderung bestand darin, die drei Meter hohe Kletterwand zu überwinden. Es war eine typische Kletterwand, wie man sie kennt: senkrecht nach oben stehend, mit Trittmöglichkeiten an verschiedenen Stellen, um sich daran hochzuziehen. Ein klares No-Go für mich. Meine Fantasie reichte nicht aus, um mir vorzustellen, wie ich die Herausforderung bewältigen könnte.

Ich entschied, meinem Team zu sagen, dass ich hierbei leider nicht mitmachen könne. Zwei Teammitglieder zeigten schnell Verständnis, doch das dritte sagte, dass wir es doch wenigstens versuchen sollten. Wir wären als Team schon so weit gekommen und es wäre doch schade, wenn wir die letzte Hürde nicht auch gemeinsam nehmen würden. Ich ließ mich ungläubig und schweren Herzens darauf ein, es zumindest zu probieren.

Das Team und ich überlegten, wie mir geholfen werden konnte. Wir probierten am Ende Folgendes aus: Ich begann die Wand hinaufzuklettern und kletterte so weit, wie ich eigenständig konnte. Als es dann wegen der Höhe zu riskant wurde und ich mich auch nicht mehr sicher fühlte, bekam ich fantastische Unterstützung von meinem Team. Ich wurde zunächst von unten an den Beinen gehalten, was mir Sicherheit gab, weiter zu klettern und wurde dann von oben von einem Teammitglied am Handgelenk gepackt. Dadurch war es mir möglich, mit meinen Beinen den nächsten Halt zu finden und mich weiter in die Höhe zu stoßen, immer mit der Sicherheit, von oben abgesichert zu sein.

Mit dieser Kraftanstrengung schaffte ich es, die Kletterwand zu überwinden. Nachdem wir alle das Ziel erreicht hatten, lagen wir uns glücklich in den Armen. Ich war wahnsinnig stolz auf meine Leistung, aber noch viel mehr auf die Unterstützung, die ich durch mein Team erhalten hatte. Es ist bezeichnend, dass andere Teams es nicht schafften, gemeinsam die Kletterwand zu erklimmen, da der eine oder andere Kollege am Hindernis scheiterte. Die Gründe waren unterschiedlich: einige hatten schlichtweg Angst, anderen fehlte die Kraft in Armen oder Beinen oder es gab keinen Support vom Team.

Reflexion: Die Lehre aus dieser Veranstaltung ist zum einen, seinen eigenen Fähigkeiten zu vertrauen und zum anderen, sich vorzustellen, Unvorstellbares erreichen zu können und Hilfe anzunehmen. Es ist zu leicht, sich auf seine Einschränkungen zu reduzieren und diese als Grund zu nehmen, sich einer gestellten Herausforderung nicht zu stellen. Mir ist klar geworden, dass es zum Lernen gehört, seine eigene Komfortzone zu verlassen, um neue Herausforderungen anzunehmen und seine Limits zu überwinden.

Es geht hierbei um Dinge, die man einerseits durch Training selbst erlernen kann und andererseits darum, Hilfe von anderen anzunehmen. Etwas Unvorstellbares erreicht zu haben, steigert nicht nur das Selbstwertgefühl, sondern schweißt einen auch mit denjenigen zusammen, die bei der Bewältigung der Aufgabe geholfen haben.

Bei einem Menschen mit einer körperlichen Behinderung sind dessen Einschränkungen oft auf dem ersten Blick zu sehen. Das sollte aber nicht darüber hinwegtäuschen, dass jeder Mensch, also auch Nichtbehinderte, Einschränkungen haben. Diese können beispielsweise hervorgerufen sein durch psychische Blockaden und Ängste, wie Höhen- oder Platzangst. Je offener man mit seinen

Begrenzungen umgeht, umso leichter ist es, sie zu akzeptieren und um Hilfe von anderen zu bitten, oder seine Grenzen selbst so weit wie möglich zu testen.

Die Halbmarathon-Challenge

Mit dem Eintritt in das Berufsleben wurde ich ein passionierter Jogger und Schwimmer. Ich machte es zu meiner Gewohnheit, mich fast täglich für eine Stunde entweder im Wasser oder auf dem Boden zu bewegen. Dieser Sport war für mich ein herrlicher Ausgleich zum Beruf und stärkte meine psychische und physische Ausdauer. Die sportliche Betätigung begleitete mich fortan durch mein Leben. Speziell beim Laufen werden Herausforderungen, die zunächst sehr komplex erscheinen, wie durch Magie vereinfacht. Es kommt mir so vor, als wenn die stetigen, rhythmischen Schritte die Probleme auflösen und der gordische Knoten gelöst wird.

Ich möchte nicht behaupten, dass meine Lauf- oder Schwimmtechnik besonders ausgefeilt ist, aber ich habe einfach Freude an der Bewegung. Wenn ich so meine Runden laufe oder schwimme, bekomme ich oft aufmunternde Blicke zugeworfen oder Passanten machen mir Komplimente. Ich wurde schon des Öfteren darauf angesprochen, ob ich nicht an einem Voll- oder Halbmarathon teilnehmen wolle. Ich fühlte mich geschmeichelt, lehnte aber ab, da ich diese Ambitionen nicht hatte. Für mich war der Ausdauersport Ausgleich zu meinem fordernden Berufsleben. Ich hatte nicht das Bedürfnis, mich auf einen sportlichen Wettbewerb vorzubereiten, der mir alles abverlangen würde.

Das änderte sich, als ich in einem Unternehmen arbeitete, dessen Leadership-Team jährlich an einem Halbmarathon teilnahm. Nolens volens und durch einen gewissen »Peer-Pressure« angetrieben, registrierte ich mich schließlich für meinen ersten Langstreckenlauf. Mein einziges Ziel war es, die Distanz von 21,1 Kilometern würdevoll zu überstehen. Ich bereitete mich nicht speziell auf den Lauf vor. Je näher der Tag kam, desto unwohler fühlte ich mich: Wenn ich zum beruflichen Ausgleich lief, war ich allein in der Natur und mit mir selbst. Ich brauchte gut eine Stunde für zehn Kilometer. Das erfüllte seinen Zweck für mich. Nun hatte ich die doppelte Distanz zurückzulegen und wusste, dass ich von anderen Läufern umringt war und viele Zuschauer an der Strecke stehen würden.

Meine Motivation steigerte sich auch dann nicht, als ich mich mit einer Gruppe von Kollegen am Tag des Events an die Startlinie begab. Die Menschenmassen um mich herum waren für mich erdrückend. Als der Lauf begann und je länger ich auf der Stecke unterwegs war, fühlte ich, wie ich mich auf mich selbst fokussierte, nur gelegentlich nahm ich andere Läufer oder aufmunternde Zurufe der Zuschauer wahr. Nach circa zehn Kilometern und einer Stunde Laufzeit begannen meine Kräfte zu schwinden. Das war meine übliche Zeit und Distanz, die ich normalerweise lief. Doch von nun an würde ich an meine Reserven gehen und gegen meine eigenen Widerstände ankämpfen müssen.

Mitten im Motivationstief merkte ich, wie mich die anfeuernden Zurufe der Zuschauer und der Mitlaufenden wieder aufzubauen begannen. Ich habe von der »zweiten Luft« gehört, die freigesetzt wird, um die eigenen Widerstände zu überwinden, wenn der Wille da ist. Nun begann ich, diese zweite Luft selbst zu spüren. Es war ein sehr eigenartiges Gefühl, das ich noch nie so erfahren hatte: Ich fühlte mich getragen von meinen eigenen Beinen, die mechanisch ihre Bewegungen abspulten; es hatte etwas Roboterhaftes an sich, wie ich mich fortbewegte. Die Funktionen meines Gehirns schienen auf ein Minimum reduziert zu sein. Getragen von diesen mechanischen Bewegungen und der gefühlten Unterstützung um mich herum erreichte ich den Zielraum in einem Stadion, das mit vielen Zuschauern auf den Tribünen gefüllt war. Mit einer Welle der Begeisterung, an den Grenzen meiner Leistungsfähigkeit und von beginnenden Wadenkrämpfen gezeichnet, erreichte ich das Ziel in zwei Stunden und fünfzehn Minuten.

Ich war erschöpft und glücklich zugleich und sehr stolz auf das Erreichte. Das Sich-gegenseitig-auf-die-Schultern-Klopfen der Läufer untereinander machte die ersten Minuten im Zielraum zu einem ganz besonderen Ereignis. Dieses Gefühl, meinen ersten Halbmarathon gegen meine eigenen Widerstände erfolgreich absolviert zu haben, hat mir bewiesen, dass ich viel mehr erreichen kann, als ich mir zutraute! Dieses Verschieben der Leistungsgrenze weckte in mir den Ehrgeiz, ein persönliches Ziel zu definieren, das ich beim nächsten Halbmarathon erreichen wollte: unter zwei Stunden zu bleiben war fortan meine Maxime.

Im nächsten Jahr war es wieder so weit – der nächste Halbmarathon stand vor der Tür. Auch wenn ich motiviert war, daran teilzunehmen, spürte ich die Last meiner Ambitionen auf meinen Schultern und einen gewissen Leistungsdruck. Ich beendete den Lauf mit einer Zeit von zwei Stunden und sieben Minuten. Auch wenn ich mich anstrengte, mein gestecktes Ziel von unter zwei Stunden zu erreichen, spürte ich während des Laufens, dass es dieses Mal noch nicht möglich war. Die erzielte Zeit erfüllte mich mit Zufriedenheit, da sie doch um acht Minuten kürzer war als im Vorjahr.

Im darauffolgenden Jahr unternahm ich einen erneuten Anlauf. Die äußeren Bedingungen waren für mich alles andere als ideal: zum einen waren die Temperaturen mit über 25 Grad Celsius frühsommerlich warm, während ich kühlere Temperaturen präferierte und zum anderen hatte ich erst wenige Tage vorher eine fiebrige Erkältung auskuriert. Es kam, wie es kommen musste: meine Zeit verschlechterte sich gegenüber dem Vorjahr um drei Minuten auf zwei Stunden und zehn Minuten.

Aber ich ließ nicht locker und unternahm im nächsten Jahr einen neuen Versuch. Die äußeren Gegebenheiten waren für mich ideal mit Temperaturen, die knapp unter 20 Grad lagen, bewölktem Himmel und einem leichten Wind. Auch mental fühlte ich mich gut aufgelegt und so war ich zuversichtlich, mein Ziel von unter zwei Stunden zu erreichen. Wer längere Distanzen gelaufen ist, weiß, dass es Momente der psychischen und physischen Erschöpfung gibt. Diese Einbrüche aufzufangen und weiterzulaufen sind elementar wichtig und entscheiden letztendlich über Erfolg oder Misserfolg. Ich war empfänglich für aufmunternde Worte von den Mitlaufenden und von den Zuschauern am Rande der Strecke.

Ich spürte, ich könnte dieses Mal die Zwei-Stunden-Marke knacken. Die letzten Minuten des Laufs waren ein schierer Kampf gegen die Uhr. Trotz größter Erschöpfung wollte ich es mir nicht entgehen lassen, mein Ziel zu erreichen. Irgendwann schaltete mein Körper auf Autopiloten um, meine Beine bewegten sich mechanisch weiter. Mit einer Zeit von einer Stunde, siebenundfünfzig Minuten und fünfundzwanzig Sekunden hatte ich mein Ziel erreicht. Ein unbeschreibliches Gefühl des Glücks und der Erleichterung überkamen mich trotz der Strapazen des Laufs.

Dies sollte erst einmal mein letzter Halbmarathon gewesen sein. In den darauffolgenden Jahren unterband die Corona-Pandemie die Ausrichtung von Veranstaltungen wie diesen und in den Folgejahren verspürte ich nicht mehr das Verlangen, mich der Herausforderung zu stellen. Ich hatte erreicht, was ich erreichen wollte und noch viel mehr!

Reflexion: Ich glaube daran, dass man sich ambitionierte, aber realistische Ziele in seinem Leben setzen sollte. Es ist herausfordernd und lohnend zugleich, neue

Wege zu beschreiten, Risiken einzugehen und seine Grenzen zu testen, um die gesetzten Ziele zu erreichen. Nur wenn es einem gelingt, sich aus der Komfortzone zu puschen, wird man neue Dinge erleben und lernen. Dieses Prinzip gilt gleichermaßen für Menschen mit und ohne Behinderung. Das Erreichen von Zielen zu feiern ist ebenfalls wichtig und zu reflektieren, was man gelernt hat und was man beim nächsten Mal gegebenenfalls anders oder besser machen würde. Nicht zu vernachlässigen ist, dass durch das Erreichte das Selbstwertgefühl gesteigert wird, was einem Mut und die Kraft gibt, zu neuen Ufern aufzubrechen.

Wie eingangs gesagt, sollten Ziele ambitioniert, aber realistisch gesetzt sein. Es ist auch denkbar, sich Unterziele zu setzen, um kleinere Erfolge zelebrieren zu können. So hätte ich in meinem Halbmarathon Beispiel mit mir vereinbaren können, dass ich mich jedes Jahr um fünf Minuten verbessern will, bis ich über drei Jahre mein Gesamtziel von unter zwei Stunden Laufzeit erreicht hätte.

Auch wenn das Vereinbaren und das Erreichen von Zielen für alle Menschen wichtig ist, so hat es meiner Meinung nach einen besonderen Stellenwert für Menschen mit Behinderung: Mehr als alles andere lehrte mich meine Teilnahme an den Halbmarathons, mich so zu akzeptieren, wie ich war – mit meiner Behinderung. Es fühlte sich an, als ob ich meine Einschränkung akzeptierte und lernte, mit ihr umzugehen. Ich war klug genug, mein Ziel so zu wählen, dass es ambitioniert, aber realistisch gesetzt ist.

Der schüchterne Redner

Im Verlauf meines Berufslebens wurde ich oft gebeten, auf internen oder externen Konferenzen zu sprechen. Ich lernte im Laufe der Jahre meine anfängliche Schüchternheit davor abzulegen. Neben meiner Scheu »auf der großen Bühne« vor einem Publikum zu stehen, gab es auch praktische Hindernisse, die ich anfangs unterschätzt hatte.

Man stelle sich vor, dass der Auftritt kurz bevorsteht: Die Speaker Notes halte ich in der einen Hand und dann wird mir ein Mikrofon gereicht. Mit zwei Händen ist das kein Problem, mit einer Hand dagegen schon. Ich kann nur eines der beiden Tools in der meiner Hand halten, entweder die Speaker Notes oder das Mikrofon. Die Auswahl ist recht einfach und klar, es ist das Mikrofon, weil mich ohne dieses das Publikum nicht hört. Also musste ich auf meine Speaker

Notes verzichten, was eine große Herausforderung ist, weil ich meinen Vortrag so vorbereitet habe, dass diese mir die nötigen Impulse geben.

Solche Überraschungen muss man bei der Planung eines Vortrags unbedingt vermeiden. In der Folgezeit änderte ich daher meine Vorgehensweise, da ich erkennen musste, dass gute Vorbereitung noch wichtiger ist als der Vortrag oder die Präsentation selbst. Diese Erkenntnis war bedeutender als mein natürliches Bedürfnis, dem Organisator der Veranstaltung wegen meiner Behinderung keine Umstände zu machen oder »eine Extrawurst« zu bekommen.

Ich überlegte mir fortan im Vorfeld, wie ich präsentieren will und ob sich das mit den räumlichen Gegebenheiten und der vorhandenen Technik vereinbaren lässt. Wenn die Publikumsgröße ein Mikrophon erfordert, ist es mir wichtig, stattdessen ein Headset zu bekommen, da ich so meine eine Hand anderweitig einsetzten kann, wie zum Beispiel, um meine Speaker Notes zu halten. Manchmal ist ein Headset aber nicht verfügbar und daher muss ein Mikrophon in der Hand gehalten werden. Dann habe ich aber keinen Platz für meine Speaker Notes. Das bedeutet, dass ich entweder ein Rednerpult brauche, auf dem ich meine Notizen ablegen kann oder einen Teleprompter, von dem ich meine Redestichpunkte ablesen kann.

Eine weitere Komplikation kann entstehen, wenn PowerPoint-Folien verwendet werden. Ihr Einsatz erfordert, dass man einen Klicker in der Hand hält, mit dem man die Folien weiterbewegt. Ist das der Fall, ist meine Hand nicht frei für ein Mikrofon oder meine Speaker Notes. In diesem Szenario ist es wichtig, mir vorab klar zu werden, wie ich präsentiere und was ich dazu benötige. Ist ein Headset verfügbar, hat sich das Thema Halten des Mikrofons erübrigt. Somit bleibt die Frage, Klicker oder Speaker Notes in der Hand halten? Ist mir das Thema sehr gut vertraut, sodass ich auf Notizen weitgehend verzichten kann, behalte ich den Klicker in der Hand und lege die Notizen auf das Rednerpult. Wenn ich Anstöße brauche und unsicher bin, behalte ich die Speaker Notes in der Hand und vereinbare mit dem Techniker, der meine Präsentation begleitet, dass er die Folie weiterbewegt, wenn ich »next« sage.

Die Essenz dieser Beispiele ist, dass ich mir im Vorfeld klar werde, wie ich mich strukturiere, wie die technischen und räumlichen Gegebenheiten vor Ort sind und wie ich sie nutzen kann. Wenn das geklärt ist und ich einen Plan habe, ist es dennoch wichtig, einen Plan B parat zu haben. So kann es passieren, dass das Headset zwar verfügbar ist, aber nicht funktioniert, sodass auf ein Mikrofon zurückgegriffen werden muss. Oder es kann passieren, dass das bestellte Rednerpult nicht bereitsteht.

Reflexion: Es ist unbestreitbar, dass sich auch Referenten ohne Behinderung gut auf ihren Vortrag vorbereiten und sich vergewissern müssen, wie die technischen und organisatorischen Voraussetzungen im Saal sind. Für Redner mit Behinderung ist es aber von besonderer Wichtigkeit, die Gegebenheiten abzuchecken, da es nun Mal die Norm ist, dass sich der Organisator auf Referenten ohne Behinderung eingestellt hat. Das muss gar nichts mit fehlendem Respekt zu tun haben, denn der Organisator ist unter Umständen gar nicht über die Behinderung eines Redners informiert.

Gute Vorbereitung für eine Präsentation, und zwar gemeinsam mit dem Veranstalter, ist genauso wichtig wie der Vortrag selbst. Das hier Gesagte lässt sich auf alle Lebensbereiche übertragen. Es gilt beispielsweise auch für die Vorbereitung einer organisierten Urlaubsreise für einen Menschen im Rollstuhl.

IV Ausblick auf zukünftige Entwicklungen und Chancen für Menschen mit Behinderung in der Berufswelt

Wie gut ist es nun mit der Integration von Menschen mit Behinderung in die Gesellschaft und in den Arbeitsmarkt bestellt?

Die Eingliederung von jungen Menschen mit Behinderung gewinnt zunehmend an Bedeutung. Es wird zum Beispiel Wert daraufgelegt, dass die Integration in eine »Regel-Schule« die Norm und nicht die Ausnahme ist. Auch die Beseitigung von Barrieren ermöglicht in vielen Fällen ein eigenständiges häusliches Leben, oder zumindest ein Leben in einer häuslichen Gemeinschaft mit anderen, die sich gegenseitig unterstützen. Die konsequente Fortsetzung dieser sozialen und schulischen Integration ist die Umsetzung der beruflichen Integration, die sowohl für die Gesellschaft als auch für den Menschen mit Behinderung von großer Bedeutung ist.

Hier sind einige Gründe, warum dies wichtig ist:

1. Inklusion und Vielfalt: Eine inklusive Gesellschaft erkennt und schätzt die Vielfalt der Menschen, einschließlich ihrer Fähigkeiten und Talente. Indem Menschen mit Behinderung die Möglichkeit haben, eine berufliche Karriere zu verfolgen, wird die Inklusion gefördert. Diese Vielfalt der Arbeitnehmerschaft fördert den Teamgeist und die Innovationskraft eines Unternehmens.

2. Wirtschaftliche Teilhabe: Menschen mit Behinderung haben das Recht auf wirtschaftliche Teilhabe und finanzielle Unabhängigkeit. Durch den Zugang zu Arbeitsplätzen können sie ihr Potenzial entfalten, ihren Lebensunterhalt verdienen und zur Wirtschaft und damit zum gesellschaftlichen Wohlstand beitragen.

3. Selbstwertgefühl und Selbstbestimmung: Eine berufliche Karriere ermöglicht Menschen mit Behinderung, ihre Fähigkeiten und Talente zu nutzen, ihre Ziele zu verfolgen und Erfüllung und Selbstbestimmung zu erfahren. Dies trägt zu einem positiven Selbstwertgefühl und einer verbesserten Lebensqualität bei.

4. Reduzierung von Vorurteilen und Stereotypen: Wenn Menschen mit Behinderung erfolgreich in ihren beruflichen Karrieren sind, werden

Vorurteile und Stereotypen abgebaut. Damit wird deutlich, dass Behinderungen nicht automatisch eine Einschränkung für den Erfolg im Berufsleben bedeuten.

Bevor über notwendige Veränderungen gesprochen wird, ist ein Blick auf die statistischen Daten und die derzeitigen gesetzlichen Rahmenbedingungen sinnvoll.

Statistische Daten zum Anteil von Menschen mit Behinderung auf dem Arbeitsmarkt

Zunächst ist eine Begriffsbestimmung geboten, welche Menschen mit Behinderung in den Statistiken geführt werden. Eine Definition findet sich im Sozialgesetzbuch (SGB). Die Beeinträchtigungen hinsichtlich der Teilhabe am Leben in der Gesellschaft werden als Grad der Behinderung nach Zehnergraden (20 bis 100) festgestellt.

Als schwerbehinderte Menschen gelten nach § 2 Abs. 2 SGB IX Personen, denen von den staatlichen Versorgungsämtern ein Grad der Behinderung von 50 Prozent oder mehr zuerkannt worden ist. In den Statistiken der Bundesagentur für Arbeit sowie im SGB IX, Teil 3 (Schwerbehindertenrecht) gilt als schwerbehindert, wer einen Grad der Behinderung von 50 Prozent und mehr hat (§ 2 Abs. 2 SGB IX) oder von der Bundesagentur für Arbeit einem schwerbehinderten Menschen gleichgestellt wurde (§ 2 Abs. 3 SGB IX).

Nach § 2 Abs. 3 SGB IX sollen Menschen mit Behinderung mit einem Grad der Behinderung von weniger als 50 Prozent, aber wenigstens 30 Prozent Menschen mit Schwerbehinderung gleichgestellt werden, wenn sie infolge ihrer Behinderung ohne die Gleichstellung keinen geeigneten Arbeitsplatz im Sinne des § 156 SGB IX erlangen oder diesen nicht behalten können. Dies bedeutet auch, dass Menschen, zum Beispiel mit einem Grad der Behinderung, die sie nicht mit schwerbehinderten Menschen gleichstellt, statistisch nicht erfasst werden, obwohl sie Einschränkungen in ihrem täglichen Leben erfahren können.

In diesem Buch spreche ich generell von »Menschen mit Behinderung«, obwohl nach obiger Definition Bezug auf »Menschen mit Schwerbehinderung« genommen wird. Die Anzahl von Menschen mit einer (Schwer-)Behinderung ist in Deutschland in den Jahren 1995 bis 2021 von 6,5 Millionen auf 7,8 Millionen angestiegen, was einem Anteil an der Gesamtbevölkerung von 9,4 Prozent entspricht. Da jedoch keine Meldepflicht für Menschen mit Behinderung bei den zuständigen Behörden besteht, ist davon auszugehen, dass die tatsächliche Zahl (Schwer-)Behinderter höher liegt. Schätzungen gehen derzeit von ungefähr zehn Prozent aus, dies entspricht dann insgesamt 8,6 Millionen Menschen.[5]

Wie ist es derzeit um die Integration von Menschen mit Behinderung in die Arbeitswelt bestellt?

Die Erwerbstätigkeit von Menschen mit Schwerbehinderung ist deutlich niedriger als bei der nicht schwerbehinderten Bevölkerung. Im Jahr 2021 gab es 3,0 Millionen Menschen mit Behinderung im Alter von 15 bis unter 65 Jahren. Ihre Erwerbsquote betrug 49,8 Prozent. Obwohl sich die Erwerbsquote von Menschen mit Behinderung in den letzten Jahren zwar erhöht hat (2005: 41,6 Prozent), bleibt sie aber weiterhin deutlich geringer als die Erwerbsquote der Gesamtbevölkerung, die bei insgesamt 78,7 Prozent (2021) liegt.[6]

Unternehmen ab einer bestimmten Mitarbeiterzahl sind verpflichtet, Menschen mit Behinderung einzustellen. Die Anzahl der Einzustellenden variiert je nach Unternehmensgröße. 2021 wurden 1.209.000 Pflichtarbeitsplätze registriert, von denen 900.000 besetzt wurden, das heißt 309.000 blieben unbesetzt.[7] Das bedeutet, dass 25 Prozent der Unternehmen die als ein Minimum geforderte Anzahl von Menschen mit Behinderung nicht einstellen und eher bereit sind, eine Pflichtabgabe an den Staat zu bezahlen.

---

5 Statista (2022): Anzahl von Schwerbehinderten in Deutschland in den Jahren von 1995 bis 2021,(online) https://de.statista.com/statistik/daten/studie/246108/umfrage/entwicklung-der-anzahl-von-schwerbehinderten-in-deutschland/ [14.11.2023].
6 Bundesagentur für Arbeit (2023): Beteiligung schwerbehinderter Menschen am Erwerbsleben, (online) https://statistik.arbeitsagentur.de/DE/ Statischer-Content/Statistiken/Themen-im-Fokus/Menschen-mit-Behinderungen/generische-Publikation/Arbeitsmarktsituation-schwerbehinderter-Menschen-2022.pdf?_blob=publicationFile [15.11.2023].
7 Bundesagentur für Arbeit (2023): Beteiligung schwerbehinderter Menschen am Erwerbsleben, (online) https://statistik.arbeitsagentur.de/DE/Statischer-Content/Statistiken/Themen-im-Fokus/Menschen-mit-Behinderungen/generische-Publikation/Arbeitsmarktsituation-schwerbehinderter-Menschen-2022.pdf?blob=publicationFile [21.11.2023].

Die Arbeitslosenquote in Deutschland lag Ende 2019 bei 4,9 Prozent,[8] was in absoluten Zahlen circa 2,2 Millionen bei insgesamt circa 45,1 Millionen Erwerbstätigen entspricht.[9] Einer Statistik der OECD zufolge waren Menschen mit Behinderung doppelt so häufig von Erwerbslosigkeit betroffen wie Menschen ohne Behinderung.[10] Schwerbehinderten Arbeitslosen gelingt es seltener als nicht Schwerbehinderten, eine Beschäftigung am ersten Arbeitsmarkt aufzunehmen. Die Dynamik der Arbeitslosigkeit ist bei schwerbehinderten Arbeitslosen deutlich geringer als bei nicht Schwerbehinderten. Die Dauer der Arbeitslosigkeit und der Anteil der Langzeitarbeitslosen sind daher deutlich höher als im Durchschnitt.[11]

Insgesamt 16 Prozent der Menschen mit Behinderung im Alter von 25 bis 44 Jahren hatten keinen ersten allgemeinbildenden Schulabschluss. Menschen ohne Behinderung in dieser Altersgruppe waren deutlich seltener ohne Abschluss (4 Prozent). Abitur hatten hingegen 17 Prozent der behinderten und 38 Prozent der nicht behinderten Menschen in dieser Altersklasse.[12] In den Ländern der OECD liegt der Anteil der Menschen mit Behinderung und Abitur bei circa 25 Prozent versus circa 35 Prozent bei Menschen ohne Behinderung.

---

8 Statistisches Bundesamt (2020): Arbeitslosenquote Deutschland, (online) https://www.destatis.de/DE/Themen/Wirtschaft/Konjunkturindikatoren/Arbeitsmarkt/arb210a.html [25.11.2023].

9 Bundesagentur für Arbeit (Januar 2020): Monatsbericht zum Arbeits- und Ausbildungsmarkt, Entwicklung im Bund, (online) https://statistik.arbeitsagentur.de/Statistikdaten/Detail/201912/arbeitsmarktberichte/monatsbericht-monatsbericht/monatsbericht-d-0-201912-pdf.pdf?__blob=publicationFile&v=1 [25.11.2023].

10 OECD iLibrary (2022): But high levels of unemployment and almost unchanged levels of employment, (online) https://www.oecd-ilibrary.org/sites/1eaa5e9c-en/1/3/2/index.html?itemId=/content/publication/1eaa5e9c-en&_csp_=d5cf612751824ea99f4 b3950e6855756&itemIGO=oecd&itemContentType=book#figure-d1e1801 [25.11.2023].

11 Bundesagentur für Arbeit (2023): Beteiligung schwerbehinderter Menschen am Erwerbsleben,(online) https://statistik.arbeitsagentur.de/DE/Statischer-Content/Statistiken/Themen-im-Fokus/Menschen-mit-Behinderungen/generische-Publikation/Arbeitsmarktsituation-schwerbehinderter-Menschen-2022.pdf?__blob=publicationFile [25.11.2023].

12 Statistisches Bundesamt (23. April 2021): Behinderte und nichtbehinderte Menschen in Privathaushalten nach dem höchsten allgemeinbildenden Schulabschluss, online) https://www.destatis.de/DE/Themen/Gesellschaft-Umwelt/Gesundheit/Behinderte-Menschen/Publikationen/Downloads-Behinderte-Menschen/lebenslagen-behinderter-menschen-5122123199004.pdf?__blob=publicationFile [25.11.2023].

Deutschland steht somit gemessen am Anteil von Menschen mit Behinderung und Abitur weit unter dem OECD-Durchschnitt.[13]

Wie bereits erwähnt, wurden in vielen Ländern während der letzten Jahre gesetzliche Rahmenbedingungen geschaffen, um die Integration von Menschen mit Behinderung in die Berufswelt zu fördern. Wenn wir die Daten dahingehend analysieren, ob sich ein Fortschritt auch in den Statistiken niederschlägt, kann Folgendes für OECD-Länder basierend auf Daten für das Jahr 2019 festgestellt werden:[14]

- Die Arbeitsmärkte in den OECD-Ländern bieten nicht allen die gleichen Chancen. Insbesondere Menschen mit Behinderung sehen sich weiterhin erheblichen Hindernissen bei der Teilnahme am Arbeitsmarkt gegenüber. Dies spiegelt sich in niedrigen Beschäftigungsquoten von Menschen mit Behinderung wider und erhöht das Risiko, in einem Haushalt mit niedrigem Einkommen zu leben. Der Anteil von Menschen mit Behinderung, die Sozialleistungen vom Staat beziehen, ist überproportional hoch im Vergleich zur Gesamtbevölkerung. Die politischen Anstrengungen der letzten 15 Jahre reichten nicht aus, um die Beschäftigungs- und Armutslücken bei Menschen mit Behinderung zu schließen.

- Die Beschäftigungsquote von Menschen mit Behinderung hat sich im Durchschnitt der OECD-Länder im letzten Jahrzehnt leicht verbessert. Insgesamt sind die Beschäftigungsquoten von Menschen mit Behinderungen niedrig, da im OECD-Durchschnitt nur 40 Prozent von ihnen einen Arbeitsplatz haben, das heißt, nur etwa halb so viel wie der Rest der Gesellschaft.

- Insgesamt reichen die Verbesserungen der Beschäftigungsquote von Menschen mit Behinderung nicht aus, um den zunehmenden weltweiten Mangel an qualifizierten Arbeitskräften zu beseitigen. Im Durchschnitt der OECD-Länder ist die Wahrscheinlichkeit, dass Menschen mit

---

13 OECD iLibrary (2022): Education levels of people with disability are improving but not enough (online), https://www.oecd-ilibrary.org/sites/1eaa5e9c-en/1/3/2/index.html?itemId=/content/publication/1eaa5e9c-en&_csp_=d5cf612751824ea99f4b3950e6855756&itemIGO=oecd&itemContentType=book#figure-d1e1801 [25.11.2023].

14 OECD iLibrary (2022): Labour market inclusion of people with disability: Where are we now? (online), https://www.oecd-ilibrary.org/sites/ccabb801-en/index.html?itemId=/content/component/ccabb801-en#section-d1e1562 [25.11.2023].

Behinderung erwerbstätig sind, etwa 40 Prozent geringer als bei Personen ohne Behinderung – eine Differenz, die im letzten Jahrzehnt konstant geblieben ist.

– Behinderung bleibt in den meisten OECD-Ländern eine der Hauptursachen für Armut. Trotz umfassender Sozialleistungssysteme und eines hohen Anteils von Menschen mit Behinderung, die Transferleistungen vom Staat beziehen, lebt im Durchschnitt einer von vier Menschen mit Behinderung in einem Haushalt, in dem das Einkommen niedriger ist als 60 Prozent des Medians aller Haushalte. Dieser Wert ist im letzten Jahrzehnt leicht gestiegen.

– Trotz verbessertem Zugang zum Bildungssystem bleibt der Bildungsunterschied im Vergleich zu Menschen ohne Behinderung groß. Das heißt, höhere Schulabschlüsse sind unterrepräsentiert. Erschwerend kommt hinzu, dass eine Behinderung ein hoher Risikofaktor für einen vorzeitigen Schulabbruch ist.

– Jeder siebte Erwachsene im erwerbsfähigen Alter (14 Prozent) gibt in den OECD-Ländern an, eine Behinderung zu haben, ein Anteil, der auch bei jungen Menschen beträchtlich ist und zunimmt. Viele sind von sinnvoller Arbeit ausgeschlossen und haben ein geringes Einkommen. In vielen OECD-Ländern sind die Geburtenraten seit Jahrzehnten niedrig, sodass dem Arbeitsmarkt weniger Arbeitskräfte zur Verfügung stehen. Dies führt dazu, dass trotz stagnierendem Wirtschaftswachstum und zunehmender Automatisierung in vielen Ländern nahezu Vollbeschäftigung herrscht. Es ist daher volkswirtschaftlich nicht sinnvoll, eine große Anzahl von Menschen mit Behinderung von einer sinnvollen beruflichen Beschäftigung auszuschließen.

Der zitierte Bericht dokumentiert anschaulich, dass Menschen mit Behinderung überproportional häufig arbeitslos sind, eine geringere Beschäftigungsquote aufweisen, niedrigere Haushaltseinkommen beziehen und über schlechtere Bildungsabschlüsse verfügen als Nichtbehinderte. Der Bericht kommt zu dem Ergebnis, dass das vor etwa zwanzig Jahren gesetzte Ziel, die Behindertenpolitik proaktiv und beschäftigungsorientiert zu gestalten, nicht erreicht wurde. Wie lange können wir es uns aus wirtschaftlichen, aber auch aus ethischen Gründen noch leisten, dass die Wahrscheinlichkeit, arbeitslos zu sein, bei Menschen mit Behinderungen im Durchschnitt mehr als doppelt so hoch ist wie bei Menschen ohne Behinderung? Hinzu kommt, dass die Dauer der Arbeitslosigkeit und der Anteil der Langzeitarbeitslosen deutlich höher ist als bei Nichtbehinderten.

Was sind die Ursachen für diese offensichtlichen Benachteiligungen? Menschen mit Behinderung sind einer Vielzahl von Herausforderungen und Hindernissen sowohl im privaten als auch im beruflichen Leben ausgeliefert.

Diese Barrieren sind so vielfältig wie die verschiedenen Arten von Behinderung. Die Herausforderungen und Erschwernisse, mit denen Menschen mit Behinderungen konfrontiert sind, sind individuell sehr unterschiedlich. Jeder Mensch hat unterschiedliche Bedürfnisse und Anforderungen, die zu berücksichtigen sind, um eine inklusive und barrierefreie Gesellschaft zu schaffen.

Die Überwindung dieser Hindernisse ist essenziell, um eine Integration in die Gesellschaft und die Arbeitswelt zu erreichen. Dabei kann zwischen harten und weichen Barrieren unterschieden werden. Beschränkungen bei der Mobilität und bei Zugängen sowie Arbeitsplatzhindernisse sind harte Barrieren, die sich entweder durch bauliche Maßnahmen beheben oder durch den Einsatz von technischen Hilfsmitteln beseitigen oder zumindest reduzieren lassen.

Das Ziel von Veränderungsmaßnahmen muss es sein, dem Menschen mit Behinderung ein größtmögliches Maß an Selbstständigkeit und Eigenverantwortung zu geben, um so die Abhängigkeit von Dritten zu reduzieren. Der Erfolg hängt hierbei auch von der Ausprägung und Schwere der Behinderung ab. Die Fähigkeit, Alltagsroutinen eigenständig durchführen zu können, entscheidet maßgeblich darüber, inwieweit ein autonomes Leben möglich ist. Ist der Mensch in der Lage Alltagsaktivitäten eigenständig zu organisieren, ist ein Leben in einem eigenen Haushalt möglich.

Neben den harten gibt es weiche Barrieren, die eine Integration von Menschen mit Behinderung in die Gesellschaft und die Arbeitswelt beeinflussen. Körperliche Behinderungen können mit gesundheitlichen Problemen einhergehen und umgekehrt. Diese Abhängigkeiten rechtzeitig zu diagnostizieren und zu behandeln ist außerordentlich wichtig.

Weitere weiche Barrieren sind Stigmatisierungen und Vorurteile, die eine Integration in die Gesellschaft und die Arbeitswelt erschweren. Sie können nur durch gesellschaftliche Aufklärung, gegenseitiges Verständnis und ein unterstützendes, kooperatives Miteinander beseitigt werden. Veränderungen in diesem Bereich brauchen Zeit. Veränderungen lassen sich nur über einen längeren Zeitraum messen.

Inwieweit die Integration von Menschen mit Behinderung in Gesellschaft und Arbeitswelt gelingt, hängt also maßgeblich von der Beseitigung der beschriebenen harten und weichen Hindernisse ab. Das Selbstwertgefühl eines Menschen mit Behinderung wird vom Grad der Integration beeinflusst. Die Integration in Gesellschaft und Arbeitswelt ist eine Voraussetzung dafür, das Selbstwertgefühl eines Menschen mit Behinderung zu stärken. Ein gutes Selbstwertgefühl hilft Menschen mit Behinderung, sich so zu akzeptieren, wie sie sind und mit »sich und ihrer Umgebung im Reinen« zu sein.

Es ist unbestritten, dass in Deutschland in den letzten Jahren viel erreicht wurde. Durch die Öffnung der »regulären« Kindergärten und Schulen für Kinder mit Behinderung ist es gelungen, eine bessere Integration von Menschen mit Behinderung in die Gesellschaft zu erreichen. Auch die Inanspruchnahme einer persönlichen Assistenz zur Unterstützung in alltäglichen Aktivitäten ist ein erfolgsversprechender Ansatz.

Chancengleichheit?

Wie beschrieben, kann bei der Bildung und Integration in den Arbeitsmarkt von einer Chancengleichheit von Menschen mit Behinderung nicht die Rede sein. Die bisherigen Bemühungen der Politik und der Integrationsämter verlaufen im Sande. Wenn wir Chancengleichheit und Integration ernst nehmen wollen, erfordert es einen Paradigmenwechsel bei allen Beteiligten.

Gesetzliche Rahmenbedingungen und spezifische Nachteile bei der Integration von Menschen mit Behinderung in den Arbeitsmarkt

In vielen Ländern, wie auch in Deutschland, hat die Integration und Gleichstellung von Menschen mit Behinderung enorme Fortschritte in den vergangenen Jahrzehnten gemacht. So steht in Deutschland beispielsweise in Artikel 3 des Grundgesetzes seit 1994: »Niemand darf wegen seiner Behinderung benachteiligt werden.« Damit darf der Staat Menschen mit Behinderung nicht anders behandeln als Menschen ohne Behinderung.

Im Jahr 2006 kam ein neues Gesetz dazu: Das Allgemeine Gleichstellungsgesetz (AGG). Viele nennen es auch Anti-Diskriminierungsgesetz. Das Gesetz verbietet allen, Menschen mit Behinderung ungerecht zu behandeln. Wenn sich zum Beispiel ein Mensch mit Behinderung auf einen Job bewirbt, darf der Arbeitgeber ihn nicht wegen seiner Behinderung ablehnen. Auch in der Schule oder bei einem Vertragsabschluss darf keine Person wegen einer Behinderung anders behandelt werden. Außerdem schützt das Gesetz noch weitere Menschen: Zum Beispiel ist es verboten, Menschen wegen ihrer Hautfarbe, ihrer Religion oder wegen ihres Alters anders zu behandeln als andere.

Darüber hinaus gibt es einen internationalen Vertrag für Menschen mit Behinderung. Er heißt UN-Behindertenrechtskonvention. Viele Länder inklusive Deutschland haben ihn unterschrieben. Damit verpflichten sich diese Länder, Menschen mit Behinderung nicht zu benachteiligen.

In dem Vertrag sind weitere Zielsetzungen formuliert:

– Menschen mit Behinderung dürfen selbst entscheiden, wo sie wohnen oder welchen Beruf sie erlernen wollen. (Selbstbestimmung)
– Sie haben das Recht, am allgemeinen Leben teilzunehmen. (Teilhabe)
– Menschen mit Behinderung sollen so leben, wie alle Menschen. (Gleichstellung)

In Deutschland gibt es zwei weitere wichtige Gesetze für Menschen mit Behinderung, die praktische Regelungen beinhalten: das Sozialgesetzbuch (SGB) 9 (Rehabilitation und Teilhabe behinderter Menschen) und das Sozialgesetzbuch (SGB) 11 (Teilhabe-Leistungen).

Nach diesen Gesetzen haben Menschen mit Behinderung das Recht, am gesellschaftlichen Leben teilzunehmen. Wenn zum Beispiel ein gehörloser Student an einer Vorlesung teilnehmen möchte, kann er einen Gebärdensprachdolmetscher bekommen. Ein Mensch mit Sehbehinderung am Arbeitsplatz hat das Recht auf technische Hilfsmittel. Oder wenn ein Mensch mit körperlicher Behinderung ins Kino oder zum Konzert gehen möchte, kann er oder sie eine persönliche Assistenz erhalten.

Menschen mit Behinderung haben durch die Gesetze das Recht, ihr Leben so zu gestalten, wie sie es wollen. Sie können entscheiden, woran sie teilhaben möchten und wie sie teilhaben möchten. Sie müssen sich nicht anpassen, sondern können nach ihren Wünschen leben.

Trotz einer Vielzahl sinnvoller gesetzlicher Regelungen gibt es einige, die einer vollständigen Integration von Menschen mit Behinderung in das Berufsleben paradoxerweise im Wege stehen.

Kritik und Nachteile von Regelungen für Menschen mit Behinderung bei der Integration in den Arbeitsmarkt: Ein Beispiel sind die sogenannten Beschäftigungsquoten in Deutschland. Diese Quoten legen für Betriebe ab einer bestimmten Mitarbeiterzahl fest, wie viele Menschen mit Behinderung zu beschäftigen sind. Wird diese Quote nicht erreicht, so müssen diese Betriebe eine Strafabgabe an den Staat bezahlen.

Viele Betriebe erreichen diese Quote aus den unterschiedlichsten Gründen nicht. Ein Grund aus meiner Erfahrung als Personalleiter in Deutschland und resultierend aus Gesprächen mit Kollegen ist, dass Unternehmen lieber die Strafabgabe zahlen, weil sie die Kosten für die Ausstattung eines Arbeitsplatzes für Menschen mit Behinderung scheuen, an der Produktivität von Behinderten zweifeln und den besonderen Kündigungsschutz für diese Mitarbeitergruppe für überzogen halten. So kann eine gesetzliche Regelung mit der besten Intention kontraproduktiv im Ergebnis sein.

Der besondere Kündigungsschutz für Menschen mit Behinderungen ist im Schwerbehindertengesetz festgeschrieben. Er besagt, dass Unternehmen einem Mitarbeiter mit Behinderung nur aus Gründen kündigen können, die nicht in seiner Behinderung liegen. Obwohl das meiner Meinung nach ein vernünftiger Ansatz ist, Arbeitnehmer mit Behinderung vor Willkür zu schützen, schrecken deshalb viele Betriebe davor zurück, Menschen mit Behinderung einzustellen.

Der deutsche Kündigungsschutz für die Arbeitnehmerschaft hat bereits hohe Hürden für die Unternehmen errichtet, bevor personenbedingte Kündigungen ausgesprochen werden können. Unternehmen wollen offenbar vermeiden, mit einer weiteren Barriere konfrontiert zu werden. Diese Firmen denken fälschlicherweise, dass dieses Gesetz die Kündigung von Arbeitnehmern mit Behinderung nahezu unmöglich macht, obwohl das Gesetz lediglich vor Diskriminierung schützen soll.

Ein abschließendes Beispiel ist die Gewährung von bis zu fünf zusätzlichen Urlaubstagen pro Jahr für Beschäftigte mit Behinderung, je nach dem Grad der Schwere ihrer Behinderung. Was eine gut gemeinte soziale Maßnahme für diese

Mitarbeitergruppe ist und deren vermeintlich besonderen Erholungsbedarf in den Mittelpunkt stellt, erweckt bei Unternehmen den Eindruck, dass diese Mitarbeitergruppe einen zusätzlichen Erholungsanspruch aufgrund ihrer Behinderung benötigt.

Somit suggeriert diese Regelung, dass Angestellte mit Behinderung weniger leistungsfähig als Kollegen ohne Behinderung sind. Für die Unternehmen bedeuten diese zusätzlichen Urlaubstage eine weitere Kostenbelastung im Vergleich zu anderen Mitarbeitenden, da sie an bis zu fünf zusätzlichen Werktagen im Jahr nicht zur Erbringung ihrer Arbeitsleistung zur Verfügung stehen.

Ruf nach Veränderungen

Die Beibehaltung des Status quo ist meiner Meinung nach keine Option, wenn wir es mit der vollständigen Integration von Menschen mit Behinderung in die Gesellschaft und die Berufswelt ernst nehmen. Weitere oder andere staatliche Regelungen zu fordern ist ein Ansatz, aber nicht der einzige. Ein Um- oder besser Anders-Denken muss in vielen Bereichen bei allen Beteiligten stattfinden.

Unternehmen sind gefordert, ihre »Diversity and Inclusion«-Strategien weiterzuentwickeln und Arbeitnehmer mit Behinderung als einen weiteren Bestandteil für eine größere Vielfalt in ihrer Belegschaft einzustellen. Es ist die Aufgabe von Eltern und anderen Bezugspersonen, Kindern und Jugendlichen mit Behinderung eine Erziehung zukommen zu lassen, die auf Selbstbewusstsein und Eigenverantwortlichkeit ausgerichtet ist. Last but not least liegt es an den Menschen mit Behinderung selbst, sich so zu akzeptieren, wie sie sind und mit dem Fokus auf die eigenen Fähigkeiten und Talente selbstbewusst ihr Leben zu gestalten.

1. Staatliche Regelungen und gesellschaftlicher Wandel

Durch die bestehenden gesetzlichen Regelungen wurde viel erreicht, um aber die Integration auf die nächste Ebene zu bringen, ist meiner Meinung nach ein drastischer Paradigmenwechsel notwendig.

Fördern statt Fürsorge

Der Arbeitnehmer mit Behinderung braucht als mündiger Mensch keinen besonderen Fürsorgeschutz durch das Gesetz. Am Ende verhindert dieser spezielle Schutz, dass mehr Menschen mit Behinderung in einer adäquaten Arbeitsstelle, die ihren Fähigkeiten entspricht, eingesetzt werden. Im Folgenden will ich ein paar Denkanstöße geben, wie das erreicht werden kann:

Ziel muss es sein, gesetzliche Regelungen aufzuheben, die Menschen mit Behinderung unverhältnismäßig hoch gegenüber anderen schützen. Vollständige Integration und Gleichstellung bedeutet, dass Menschen mit Behinderung gegenüber anderen nicht »bessergestellt« werden, wie das zum Beispiel durch die Gewährung von zusätzlichen Urlaubstagen der Fall ist.

Ein Arbeitnehmer mit Behinderung ist nicht mehr oder weniger erholungsbedürftig als andere Beschäftigte. Zusätzliche Urlaubstage sind kontraproduktiv, da sie suggerieren, dass der Arbeitnehmer mit Behinderung gesundheitliche Probleme hat oder dem »normalen« Arbeitspensum nicht gewachsen ist. Beides ist fatal und stigmatisiert diese Arbeitnehmergruppe. Arbeitnehmer mit Behinderung sind per se nicht häufiger krank als andere. Krankheit darf nicht mit Behinderung gleichgesetzt werden.

Ich kann die Notwendigkeit eines zusätzlichen Erholungsanspruchs nicht erkennen. Wenn ein Arbeitnehmer aufgrund seiner Tätigkeit erschöpft ist, dann ist die Gewährung von zusätzlichen Urlaubstagen nicht die Lösung des Problems. Entweder ist die Arbeit nicht richtig verteilt oder diese Arbeitnehmergruppe kann die an sie gestellten Aufgaben nicht erfüllen, da sie nicht ihren Talenten und Kompetenzen entsprechend eingesetzt ist. Dies trifft gleichermaßen auf die Arbeitnehmergruppen mit und ohne Behinderung zu. Daher sollten diese zusätzlichen Urlaubstage meiner Meinung nach wegfallen.

Zielgerichteter wäre es, Maßnahmen zu ergreifen, die eine vollständige Integration der Arbeitnehmergruppe mit Behinderung in den Arbeitsprozess ermöglichen. Es sollte also darum gehen, Hindernisse bestmöglich aus dem Weg zu räumen, um die Benachteiligungen eines Arbeitnehmers mit Behinderung gegenüber anderen auszugleichen. In meinen Fall in den 90er-Jahren wäre es mir mithilfe eines Diktiergeräts beispielsweise möglich gewesen, einen Assistenten mit dem Erstellen meiner Dokumente zu betrauen. Der Zugang zu Gebäuden und die Einrichtung eines Arbeitsplatzes ist so auszurichten, dass beispielsweise für einen Rollstuhlfahrer ein barrierefreier Zugang zu seinem Arbeitsplatz möglich ist.

Immer wieder wird in diesem Zusammenhang die Frage nach der Finanzierung von baulichen Veränderungen und der Umgestaltung des Arbeitsplatzes gestellt. Ich plädiere hierbei für eine größtmögliche Kostenübernahme durch den Staat, und zwar in wesentlich höherem Maße, als es bisher der Fall ist. Nur wenn Unternehmen die Gewissheit haben, dass ihnen durch die Einstellung von Arbeitnehmern mit Behinderung keine zusätzlichen Kosten entstehen, wird ihre Bereitschaft zunehmen, diese einzustellen. Nur das gewährt Chancengleichheit und fördert Integration.

Die Verrentung von Menschen mit Behinderung ist ein weiterer Bereich, in dem die überzogene Fürsorge zum Nachteil von Menschen mit Behinderung führen kann. Nach derzeitigem Stand der Gesetzgebung ist es Menschen ab einem bestimmten Grad der Behinderung und ab einer bestimmten Gesamtbeschäftigungsdauer möglich, früher als andere Arbeitnehmer Altersrente zu beziehen.

Warum werden Menschen mit Behinderung gegenüber anderen bevorzugt? Sollte es für Menschen mit Behinderung nicht die gleichen Frühverrentungsmöglichkeiten geben wie für alle anderen auch, zum Beispiel aufgrund langer Beschäftigungsdauer oder aufgrund von Erwerbsunfähigkeit?

Wenn wir von der Prämisse eines Gleichbehandlungsgrundsatzes von Menschen mit und ohne Behinderung ausgehen, macht diese differenzierte Behandlung meines Erachtens keinen Sinn. Für Beschäftigte mit Behinderung, die entsprechend ihren Fähigkeiten eingesetzt sind und über notwendige Hilfsmittel zur Erfüllung ihrer Tätigkeit verfügen, besteht die Notwendigkeit einer speziellen Frühverrentung nicht.

Es kann nicht oft genug wiederholt werden, dass eine Behinderung nicht mit gesundheitlichen Beeinträchtigungen gleichgestellt werden darf. Diesem Prinzip folgend, plädiere ich für die Abschaffung einer besonderen Behandlung von Menschen mit Behinderung bei der Frühverrentung.

Auch die Steuergesetzgebung gewährt Steuervorteile, zum Beispiel in Form von Freibeträgen in Abhängigkeit von der Schwere der Behinderung, die auf den Prüfstand gehören. Selbstverständlich sollten Aufwendungen, die einem Menschen aufgrund seiner Behinderung entstehen, auch steuerlich geltend gemacht werden können. Pauschalbeträge sind hier meiner Meinung nach allerdings weniger sinnvoll. Zielführender scheint mir aber zu sein, statt administrativ aufwendige Steuerabzugsmöglichkeiten zu gewähren, direkte, auf das Individuum zugeschnittene Zahlungen zu leisten.

Akzente in der Politik setzen durch die Gründung einer Partei
für die Menschen mit Behinderung
Um das Thema Integration von Menschen mit Behinderung in die Gesellschaft und die Arbeitswelt weiter zu forcieren, ist es weiterhin wichtig, dass sich Verbände, Vereine und verschiedene Gruppen für sie auf unterschiedlichen Ebenen einsetzen. Die Gruppen der Behindertenhilfe zum Beispiel sprechen mit Politikern, organisieren Demonstrationen oder starten Unterschriftenaktionen, wodurch eine breite Aufmerksamkeit in unserer Gesellschaft erzeugt wird. Außerdem bieten sie Menschen mit Behinderung Hilfe für den Alltag an, zum Beispiel mit Wohneinrichtungen, Beratungsstellen oder Schulen. Diese Lobby- und Öffentlichkeitsarbeit ist unabdingbar, um das Bewusstsein für die Integration von Menschen mit Behinderung in der Gesellschaft weiter zu schärfen.

Doch das ist meiner Ansicht nach nicht genug: Es ist an der Zeit, dass sich eine Partei in Deutschland und auch in anderen Ländern gründet, die die Interessen von Menschen mit Behinderung vertritt. Es gibt eine Vielzahl von Parteien, die sich für bestimmte Interessengruppen in der Gesellschaft einsetzen, wie zum Beispiel die Partei der »Grauen Panther«, die sich für die Interessen der älteren Generation einsetzt, eine »Deutsche Sportpartei«, »Aktion Partei für Tierschutz«, eine »Mieterpartei«, eine »Gartenpartei«, eine feministische Partei »Die Frauen«, die »Familien-Partei Deutschlands«, der »Südschleswigsche Wählerverband«, der sich für die Interessen der dänischen Minderheit in Schleswig-Holstein einsetzt oder die »ökologisch-demokratische Partei«, die sich unter anderem mit Umweltschutz befasst.

Eine politische Partei wird hinlänglich definiert als ein organisierter Zusammenschluss von Menschen, die innerhalb eines Staates danach streben, politische Mitsprache für ihre Interessen zu erreichen, idealerweise durch die Beteiligung an einer Regierung.

Wie die genannten Beispiele zeigen, haben sich viele Parteien aus bestimmten Interessensgruppen heraus formiert. Prominentes Beispiel sind die »Grünen/Bündnis 90«, die sich anfangs den Umweltschutz auf die Fahne geschrieben haben. In der Folgezeit wurde dieses Spektrum um ökonomische und soziale Nachhaltigkeit und das aus der deutschen Wiedervereinigung hervorgegangene

»Bündnis 90«, ein Zusammenschluss von Bürgerbewegungen und Oppositionsgruppen der damaligen DDR, erweitert. Eine Weiterentwicklung über den ursprünglichen Zweck hinaus ist oft ein Gebot der Vernunft, um eine größere potenzielle Wählerschaft zu erreichen.

Wäre es nicht an der Zeit, eine Partei zu gründen, die die Interessen von mehr als zehn Millionen Menschen mit Behinderung vertritt? Das ist ein riesiges Potenzial. Das zentrale Ziel dieser Partei besteht selbstredend in der vollständigen Integration von Menschen mit Behinderung in alle Bereiche der Gesellschaft.

Eine weitere Zielsetzung besteht in der vollständigen Integration bei Bildung und in die Arbeitswelt. Ein erster Schritt wäre die Formulierung klarer Zielvorgaben für die Beschäftigung von Menschen mit Behinderung. »Diversity and Inclusion« darf nicht beim zugegebenermaßen wichtigen Thema Geschlecht haltmachen. Gleiche Bildungschancen nicht nur für Menschen mit Behinderung, sondern auch für Familien mit geringerem Einkommen ist ein wichtiger Beitrag zur Sicherstellung der Chancengleichheit am Arbeitsmarkt und zur Teilhabe am Wohlstand.

Eine Partei mit der Zielsetzung, Benachteiligung von Menschen mit Behinderung abzubauen, steht für eine weltoffene, inkludierende, tolerante und auf gegenseitigem Respekt basierende Gesellschaft, die sich auch für die Immigration von qualifizierten Arbeitskräften aus anderen Ländern einsetzt, um den Arbeitskräftemangel in Deutschland abzumildern. Diese Partei muss politisches Sprachrohr für Menschen mit Behinderungen sein, um deren Anliegen in politischen Diskussionen und Entscheidungen sicht- und hörbar zu machen.

Ihr Einfluss darf nicht an den Landesgrenzen aufhören, sondern sie muss auch eine Vertretung im Europarlament anstreben, damit ihre Interessen in Gesetzgebungsverfahren und internationalen Abkommen ausreichend berücksichtigt werden.

Der Erfolg einer politischen Partei, die sich für die Verbesserung der Situation von Menschen mit Behinderungen einsetzt, hängt davon ab, inwieweit es gelingt, die originäre Zielgruppe der Menschen mit Behinderung und deren Bezugspersonen, wie zum Beispiel Eltern, zu mobilisieren, um politische Mehrheiten zu gewinnen. Ich bin sicher, dass eine Partei für Menschen mit Behinderung mit überzeugenden Zielsetzungen eine Chance hat, sich in der Parteienlandschaft durchzusetzen und den Status sowie die Lebens- und Arbeitsverhältnisse der Menschen mit Behinderung stark verbessern wird.

Institutionelle Erforschung von »Disability«

Viel hat sich in Deutschland bereits getan: Es gibt an Hochschulen und Universitäten bereits Forschungsdisziplinen auf dem Gebiet der »Disability«. Wir müssen unsere Anstrengungen weiter intensivieren, um einen ganzheitlichen Ansatz zu verfolgen, der alle Aspekte von Behinderungen betrachtet. Hierbei handelt es sich um psychologische, soziale, wirtschaftliche, kulturelle und gesellschaftliche Faktoren, die in direkter Abhängigkeit zueinander stehen und die Integration von Menschen mit Behinderung in die Gesellschaft maßgeblich beeinflussen.

Wir benötigen mehr und bessere Daten sowie belastbare Forschungsergebnisse, um die Situation und die Bedürfnisse von Menschen mit Behinderung besser zu verstehen. Hieraus könnten praktische Lösungsansätze in Zusammenarbeit mit öffentlichen Institutionen und privaten Unternehmen entwickelt werden, die zu einer besseren Integration von Menschen mit Behinderung in die Berufswelt beitragen.

Mit der Intensivierung unserer Forschung können wir die Zusammenarbeit und den Austausch gegenseitigen Lernens in der Europäischen Union vorantreiben.

Ressourcen – Fokus auf das Wesentliche

Wir kommen nicht umhin, uns Gedanken über die Administration von Menschen mit Behinderung zu machen. Die meisten gesetzlichen Regelungen und Vorschriften zielen darauf ab, Menschen mit Behinderung zu verwalten:

Da wird der Grad der Behinderung auf der Basis von sehr detaillierten Tabellen erfasst, es werden Quoten festgelegt, wie viele Menschen mit Behinderung ein Unternehmen zu beschäftigen hat, Kostenzuschüsse sind zu prüfen und Ausweise für Menschen mit Behinderung auszustellen. Verschiedene Ämter wie das Integrationsamt oder die Bundesagentur für Arbeit sind für unterschiedliche Aspekte eines Menschen mit Behinderung zuständig, was oftmals einen holistischen Blick auf die Bedürfnisse des Menschen verstellt. Es herrscht überall gut gemeintes Klein-Klein. Der tiefere Sinn der gesamten Datenerfassungs- und Verwaltungsorgie ist nur schwer zu erkennen. Es braucht meines Erachtens den Mut und die Einsicht, dass hier weniger mehr ist.

Wir sollten uns auf das Organisieren der dringenden Bedürfnisse von Menschen mit Behinderung fokussieren und keine standardisierten Leistungen anbieten, sondern solche, die wirklich auf den individuellen Bedarf ausgerichtet sind. Es wäre beispielsweise zielführend, mit individuellen Budgets, abhängig von der Schwere der Behinderung, zu arbeiten. Diese Budgets können dann in Zusammenarbeit mit den betroffenen Menschen mit Behinderung verwendet werden. Der mündige Mensch weiß selbst, was am besten für ihn ist.

Eine Straffung und Vereinfachung der Administration staatlicher Stellen würde finanzielle Mittel freisetzen, die für die Befriedigung der individuellen Bedürfnisse verwendet werden könnten und die Integration von Kindern mit Behinderung in den allgemeinen Schulbetrieb noch stärker fördern sowie Unternehmen unterstützen, bauliche oder arbeitsplatztechnische Veränderungen vorzunehmen, um die Chancengleichheit von Menschen mit Behinderung mit anderen herzustellen.

Auf einem anderen Blatt steht die gesellschaftspolitische Frage, wie viel wir bereit sind, für die vollständige Integration von Menschen mit Behinderung auszugeben. Eine aussagefähige Statistik zu den aktuellen Ausgaben konnte ich bei meiner Recherche nicht finden. Das hängt mit der Vielzahl unterschiedlicher Instrumente zusammen: So summierte sich die sogenannte Eingliederungshilfe, deren Leistungen den Leistungsberechtigten eine individuelle Lebensführung ermöglichen sollen, die der Würde des Menschen entspricht und die volle, wirksame und gleichberechtigte Teilhabe am Leben in der Gesellschaft fördert, für mehr als eine Millionen Empfänger im Jahr 2022 auf 23,2 Milliarden Euro.[15]

Was ist aber mit den Kosten für Frühverrentung, für Steuervorteile für Menschen mit Behinderung oder für den Unterhalt von Heimen und Förderschulen? Es ist ein Gebot der Fairness, dass diese Kosten transparent offengelegt werden, um eine gesellschaftliche Diskussion darüber anzustoßen, wie viel finanzielle Mittel notwendig sind, um eine vollständige Integration von Menschen mit Behinderung zielgerichtet zu erreichen.

---

15 Statistisches Bundesamt (2024): Sozialhilfe, (online) https://www.destatis.de/DE/Themen/Gesellschaft-Umwelt/Soziales/Sozialhilfe/eingliederungshilfe.html#:~:text=0%20Milliarden%20Euro.-,Die%20Ausgaben%20für%20Leistungen%20der%20Eingliederungs hilfe%20 nach%20dem%20SGB%20IX,Vorjahr%20um%205%2C4%20%25 [10.12.2023].

2. Unternehmen

Mit staatlichen Gesetzen und Regelungen allein wird es nicht getan sein. Die Arbeitgeber sind gefordert, die vollständige Integration von Menschen mit Behinderung in den Arbeitsprozess zu ermöglichen. Das erfordert zielgerechte Initiativen, aber auch eine Anpassung der Unternehmensstrategie durch die Führungskräfte.

Forcieren des Abbaus (un-)bewusster Vorurteile und Benachteiligungen
Wie so oft, beginnt Veränderung in den Köpfen der Menschen. Um die herkömmlichen Denkmuster, die verfestigten Normen und Verhaltensweisen zu ändern, ist eine Vielzahl zielgerichteter Maßnahmen erforderlich, die eine Antwort auf die Frage »What's in for me?« geben müssen.

Sensibilisierung und Aufklärung: Unternehmen sollten Schulungen und Workshops anbieten, um das Bewusstsein für die Vielfalt von Behinderungen zu schärfen und Stereotypen und Vorurteile zu hinterfragen. Dies kann dazu beitragen, ein inklusives Arbeitsumfeld zu schaffen, in dem Menschen mit Behinderungen respektiert und wertgeschätzt werden.

Von großer Bedeutung ist, dass alle Augen auf die Fähigkeiten und Talente von Mitarbeitern mit Behinderung gerichtet werden, anstatt sich auf die Behinderung zu konzentrieren. »Corporate Social Responsibility« (CSR)-Programme, die darauf ausgerichtet sind, dass Beschäftigte eines Unternehmens soziale und karitative Aktivitäten gemeinnütziger Organisationen für einige Tage aktiv unterstützen, können beispielsweise dafür genutzt werden, in einer Behindertenwerkstatt aktiv mitzuarbeiten, was Berührungsängste mit den dort arbeitenden Menschen mit Behinderung abbaut und ein besseres Verständnis für deren Fähigkeiten fördert. Nur wenn wir verstehen, was ein Mensch trotz seiner Behinderung alles leisten kann, schaffen wir die notwendige Akzeptanz. Kampagnen dieser Art führen nur zum Erfolg, wenn nicht nur die Führungskräfte, sondern auch das Top-Management, der Vorstand oder die Geschäftsführung mitmachen und »Role Models« sind. Das gibt der Mitarbeiterschaft das Gefühl und die Gewissheit, dass ihr Unternehmen ernsthaft eine Veränderung herbeiführen will.

Barrierefreiheit: Es ist unabdingbar, dass Unternehmen für eine barrierefreie Arbeitsumgebung Sorge tragen, die den Bedürfnissen von Mitarbeitern mit Behinderung gerecht wird. Dies umfasst bauliche Anpassungen, Zugang zu Informationen und Kommunikation sowie die Bereitstellung geeigneter Hilfsmittel und Unterstützungsdienste zur Erledigung der Aufgaben am Arbeitsplatz. Diese Maßnahmen, insbesondere bauliche Veränderungen, können sehr kostspielig sein, weshalb (wie bereits im vorherigen Kapitel angesprochen), eine stärkere finanzielle Beteiligung der staatlichen Stellen erforderlich ist. Das sollte Unternehmen aber nicht von der Verantwortung befreien, diese notwendigen Schritte in Abhängigkeit von ihren finanziellen Möglichkeiten selbst durchzuführen.

Inklusive Personalpolitik: Unternehmen sollten eine inklusive Personalpolitik praktizieren, die darauf abzielt, Menschen mit Behinderungen einzustellen, zu fördern und angemessen zu unterstützen. Dies dient der Schaffung von Chancengleichheit bei der Einstellung, Karriereentwicklung und Beförderung. Es liegt im Verantwortungsbereich der Personalabteilungen, entsprechende Richtlinien in Abstimmung mit der Unternehmensleitung zu erarbeiten und zu implementieren.

Im Folgenden skizziere ich einige praktische Überlegungen, die sich leicht umsetzen lassen:

„Inklusive" Bewerbungen: Anstatt Bewerbungsunterlagen mit einer Fotografie und anderen persönlichen Daten einzufordern, die Rückschlüsse auf das Alter, Geschlecht, die ethnische Zugehörigkeit oder eine Behinderung zulassen, sollte dazu übergegangen werden, verpflichtend auf anonymisierte Lebensläufe und Bewerbungsunterlagen umzustellen, die auf die Angabe persönlicher Daten und Bewerbungsfotos verzichten.

Während diese Vorgehensweise zum Beispiel in den USA schon weit verbreitet ist, fristet sie in Deutschland noch ein Schattendasein. Die Einführung dieser Praxis führt dazu, dass »unbewussten Vorurteilen« (unconscious bias) zumindest in der ersten Bewerbungsphase der Nährboden entzogen wird und sich der Einstellende allein auf die fachliche Qualifikation der sich Bewerbenden konzentrieren kann. Um den Bewerbungsprozess vielfältiger und inklusiver zu gestalten, könnten vertonte Bewerbungen zugelassen werden, die es beispielsweise den Bewerbern mit ausgeprägter Schreib- und Leseschwäche einfacher machen, ihre Bewerbung zu erstellen.

Es spricht auch für eine inklusive Unternehmenskultur, wenn die unternehmensweite Kommunikation in Blindenschrift erfolgt oder Vorträge auf Mitarbeiterversammlungen auch in die Gebärdensprache übersetzt werden. Als weitere Maßnahme bieten sich Schulungen für Führungskräfte an, um im Interviewprozess unbewusste Vorurteile und diskriminierende Fragen an die Kandidaten zu vermeiden.

Positive Repräsentation: Werbung, Marketingmaterialien oder andere öffentliche Darstellungen der Unternehmen sind heute wesentlich differenzierter als noch vor einigen Jahren. In den sozialen Medien lächeln einem Menschen unterschiedlicher Hautfarbe, sexueller Orientierung oder unterschiedlichen Gewichts entgegen. Unternehmen haben erkannt, dass ihre Kundengruppen und die Belegschaft selbst sehr diversifiziert sind, weshalb sie ihre Unternehmenskultur als inkludierend darstellen.

Aus diesem Grund sollten Unternehmen auch Menschen mit Behinderung positiv darstellen und sie in ihre Werbung, ihre Marketingmaterialien oder andere öffentliche Darstellungen einbeziehen. In Deutschland leben allein mehr als 10 Millionen Menschen mit Behinderung, ohne dass diese Gruppe bisher in Marketingkampagnen berücksichtigt wurde. Hier muss ein Umdenken stattfinden, das dazu führt, Stereotypen zu durchbrechen und das Bewusstsein für die Fähigkeiten und Talente von Menschen mit Behinderungen zu stärken. Es trägt dazu bei, die Gesellschaft vielfältiger und bunter zu gestalten.

Mentoring-Programme: Sie sind in Unternehmen ein Personalentwicklungsinstrument mit dem Zweck, Wissen in einer persönlichen Beziehung von einer beruflich erfahrenen Person (Mentor) an eine noch unerfahrene Person (Mentee) weiterzugeben. Ein Ziel besteht darin, den Mentee bei persönlichen oder beruflichen Entwicklungen zu unterstützen. Die Bereiche, auf die sich die Mentoring-Beziehungen erstrecken, umfassen Ausbildung und Karriere bis hin zur Persönlichkeitsentwicklung.

Unternehmen können beispielsweise Mentoring-Programme einrichten, um Menschen mit Behinderung zu unterstützen und ihnen berufliche Entwicklungsmöglichkeiten zu bieten. Sie haben die Möglichkeit, sich vertraulich mit einem erfahrenen Kollegen auszutauschen, um Anregungen zu erhalten. Besonders wirkungsvoll kann Mentoring sein, wenn auch der Mentor ein Mitarbeiter mit Behinderung ist und so von seinen persönlichen Erfahrungen berichten kann. Mentoring kann dazu beitragen, das Selbstvertrauen und die Karrierechancen von Menschen mit Behinderung zu stärken.

Zusammenarbeit mit Organisationen: Das ist zugegebenermaßen ein breites Feld mit einer Vielzahl an Möglichkeiten. Unternehmen können mit gemeinnützigen Organisationen oder Behindertenverbänden zusammenarbeiten, um ihre Bemühungen zur Förderung der Inklusion von Menschen mit Behinderung zu unterstützen.

Diese Partnerschaften können beispielsweise helfen, potenzielle Mitarbeiter durch das Angebot von Praktika zu gewinnen, Wissen über die Bedürfnisse von Menschen mit Behinderung in der Berufswelt zu gewinnen oder das Austauschen von Best Practices mit anderen Unternehmen zu ermöglichen.

Arbeitskräftemangel überwinden und neue Wege gehen

Ungefähr jeder zehnte Mensch in Deutschland hat eine Behinderung, das sind circa 8,6 Millionen Menschen. Dies ist eine grobe Schätzung, da die Registrierung als Mensch mit Behinderung freiwillig ist. Es ist anzunehmen, dass viele Menschen sich gar nicht melden, zum Beispiel aus Angst, den Arbeitsplatz zu verlieren oder stigmatisiert zu werden. Wie bereits dargelegt, ist die Erwerbs- und Arbeitslosenquote höher und der erreichte Bildungsabschluss niedriger als im Vergleich zur Gesamtbevölkerung.

Im Hinblick auf die schrumpfende erwerbstätige Bevölkerung ist es ein Ruf der ökonomischen Vernunft, nicht nur den Zuzug von qualifizierten Arbeitskräften aus dem Ausland zu forcieren, sondern auch Menschen mit Behinderung in einem viel stärkeren Umfang in den Arbeitsprozess zu integrieren. Dies erfordert, dass Unternehmen ihre Rekrutierungsstrategie überdenken, mehr Wert auf Aus- und Weiterbildung legen und flexible, auf die Bedürfnisse der Mitarbeitenden ausgerichtete Beschäftigungsmodelle anbieten.

Inklusionsstrategie mit erweitertem Fokus

Die Unternehmen sollten aufgefordert und verpflichtet werden, eine umfassende »Diversity and Inclusion«-Strategie vorzulegen, die bestimmten Mindestanforderungen genügen muss. Es ist für mich unstrittig, dass selbstverständlich weiterhin Chancengleichheit aufgrund des Geschlechts gewährleistet werden muss, allerdings muss man weiterdenken. Wie sieht es zum Beispiel für Menschen mit Migrationshintergrund in Deutschland aus?

Eine gemeinsame repräsentative Studie der Unternehmensberatung McKinsey und der Personalberatung Egon Zehnder unter 2.000 Beschäftigten in Deutschland, von denen 75 Prozent einen kulturell diversen Hintergrund haben, hat ergeben, dass Menschen aus Einwandererfamilien 25 Prozent mehr Bewerbungen abschicken müssen, bis sie ein Arbeitsangebot erhalten, dass sie seltener befördert werden, dass sie sich doppelt so häufig diskriminiert fühlen und bei gleicher Qualifikation bis zu 25 Prozent weniger Gehalt erhalten. Bis zu 50 Prozent der derzeit mehr als zwei Millionen unbesetzten Arbeitsplätze in Deutschland könnten von Menschen mit Migrationshintergrund besetzt werden. Knapp acht von zehn Befragten in dieser Studie geben an, dass ihr Arbeitgeber nichts unternehme, um gezielt »kulturell diverse Talente« zu rekrutieren.

Wie bereits an anderer Stelle erwähnt, lässt die Integration von Menschen mit Behinderung sogar noch mehr zu wünschen übrig. Die Arbeitslosenquote dieser Menschen liegt mehr als doppelt so hoch wie bei anderen und oftmals sind sie nicht entsprechend ihrer Qualifikation eingesetzt. Wir leisten uns den Luxus, Menschen mit Behinderung gar nicht oder nicht adäquat zu beschäftigen – ein gesellschaftspolitischer und ökonomischer Skandal.

Bis Unternehmen selbst zu der Einsicht gelangen, die Integration von Menschen mit Behinderung ernster zu nehmen, können nur gesetzliche Regelungen, wie beispielsweise Quoten, helfen, eine Trendwende herbeizuführen.

Werden festgelegte Quoten nicht erfüllt, treten Sanktionen in Kraft. Es war schließlich erst die kontrovers diskutierte Geschlechterquote (umgangssprachlich Frauenquote), die Bewegung in den eingefahrenen Status quo brachte. Die Geschlechterquote ist eine Vorgabe, die festlegt, dass Frauen (beziehungsweise Männer) zu einem bestimmten Mindestanteil in Gremien wie Vorstand oder Aufsichtsrat von Unternehmen, die an die Quote gebunden sind, vertreten sein müssen.

In Deutschland gilt seit 2016 für die Aufsichtsräte von börsennotierten und paritätisch mitbestimmten Unternehmen (Arbeitgeber- und Arbeitnehmerseite haben gleich viele Sitze im Aufsichtsrat) eine verbindliche Geschlechterquote in Höhe von 30 Prozent. Sie betrifft gut 100 Unternehmen und muss im Zuge der Neubesetzung von Aufsichtsratsposten realisiert werden. Hat ein an die

Geschlechterquote gebundenes Unternehmen weniger als 30 Prozent Frauen in seinem Kontrollgremium, muss es freiwerdende Posten so lange an Frauen vergeben, bis die 30-Prozent-Marke erreicht ist. Andernfalls bleibt der Platz im Aufsichtsrat unbesetzt. Während im Jahr 2016 der Frauenanteil in den Aufsichtsräten der betroffenen Unternehmen erst bei 27 Prozent lag, stieg er bis zum Herbst 2020 auf knapp 36 Prozent.

In anderen Unternehmensgruppen ohne verbindliche Quoten ist der Frauenanteil in Aufsichtsräten weniger stark gestiegen. Dies ist ein deutlicher Indikator für die Wirksamkeit der Geschlechterquote in Aufsichtsräten. Das Gesetz für die gleichberechtigte Teilhabe von Frauen und Männern an Führungspositionen verpflichtet in Deutschland außerdem etwa 3.500 börsennotierte oder mitbestimmte Unternehmen, sich Zielgrößen zur Erhöhung des Frauenanteils in Aufsichtsräten, Vorständen und den obersten Managementebenen zu setzen.

Für den Fall der Nichterfüllung sind allerdings keine Sanktionen vorgesehen, zudem ist die Zielgröße Null zulässig. Die Einführung der Geschlechterquote für Aufsichtsratspositionen hat gezeigt, dass Veränderungen nur in Verbindung mit (finanziellen) Sanktionen bei Nichterfüllung von Vorgaben durchgesetzt werden können.

Ein anderer Aspekt, der bei einer breiter angelegten Integrationsstrategie berücksichtigt werden sollte, ist der Wettbewerb um Reputation und Anerkennung. Viele Unternehmen sind daran interessiert, durch Mitarbeiterbefragungen Informationen über die Motivation, die Zufriedenheit und die Loyalität ihrer Angestellten zu erhalten. Einige dieser Befragungen werden auch durch externe Anbieter durchgeführt, zum Beispiel durch das »Great Place to Work Institut«, um dem teilnehmenden Unternehmen nicht nur einen internen, sondern auch externen Benchmark zur Verfügung stellen zu können.

Ein gutes Ergebnis aus Mitarbeiterbefragungen im Vergleich mit anderen Unternehmen trägt dazu bei, den »Brand« eines Unternehmens zu stärken, mit der Folge, dass es leichter fällt, neue Mitarbeiter zu rekrutieren und bisherige Beschäftigte stärker an das Unternehmen zu binden. Mitarbeitenden ist es mehr denn je wichtig, für ein Unternehmen zu arbeiten, mit dessen Werten und Zielen sie sich identifizieren können.

Wir sollten Unternehmen auch im Wettstreit darum sehen, wer die besten Arbeitsbedingungen für Menschen mit Behinderung schafft und die meisten

Menschen mit Behinderung einstellt. Es könnte landesweite Auszeichnungen geben, welches Unternehmen besonders fortschrittlich und erfolgreich hinsichtlich der Integration von Mitarbeitern mit Behinderung ist.

Rationale und verbindliche Zielvorgaben

Aus dem vorher Gesagten wird deutlich, dass verbindliche Vorgaben und Ziele notwendig sind, um eine Gleichstellung von Menschen mit Behinderung zu erreichen. Die Zielesetzungen müssen neben Aufsichtsräten in börsennotierten Unternehmen einer bestimmten Größe eine Vielzahl weiterer Unternehmen sowie die Positionen in der Unternehmensleitung, wie zum Beispiel Vorstände, miteinbeziehen. Die Nichterfüllung der Vorgaben muss finanzielle Konsequenzen nach sich ziehen oder eine ausgeschriebene Position muss mit einem Mitarbeiter mit Behinderung besetzt werden, bis die Vorgabe erreicht ist.

Natürlich kann der Gesetzgeber nicht alle Details regeln; das würde zu einer Überregulierung der Unternehmen führen. Es sollte für ethisch verantwortliche Unternehmen aber selbstverständlich sein, sich selbst verbindliche Ziele zu setzen, um beispielsweise den Anteil von Mitarbeitern mit Behinderung in Führungspositionen zu erhöhen und über die Zielerreichung öffentlich zu berichten.

Ich bin überzeugt davon, dass, wenn wir mehr Führungskräfte mit Behinderung haben, der Anteil von Mitarbeitenden mit Behinderung und anderen Gruppen in diesen Unternehmen steigen wird. Die Ambitionen einer breit angelegten »Diversity and Inclusion«-Strategie wird Früchte tragen und die Vielfalt an unterschiedlichen Mitarbeitertypen in einem Unternehmen erhöhen.

Ein erster und wichtiger Schritt im Rahmen unserer Gleichstellungs- und Antidiskriminierungsbestrebungen war für den Gesetzgeber, Fortschritte in Bezug auf die Gleichstellung der Geschlechter in Unternehmen zu machen. Es ist an der Zeit, den Begriff von Inklusion und Vielfalt nun weiter zu fassen, um neben anderen benachteiligten Gruppen Menschen mit Behinderung stärker in den Fokus zu rücken als bisher.

3. Eltern und andere Bezugspersonen

Eltern spielen eine entscheidende Rolle beim Heranwachsen ihrer Kinder. Ihre Bedeutung kann kaum überschätzt werden, da sie die ersten und wichtigsten

Bezugspersonen für ihre Söhne und Töchter sind. Während Babys und Kleinkinder anfangs völlig von ihren Eltern abhängig sind, kommen mit dem Älterwerden andere Bezugspersonen hinzu, die ebenfalls großen Einfluss auf sie haben. Das können zunächst weitere Familienmitglieder sein, wie Geschwister, Großeltern oder Tanten und Onkel, aber auch Erzieher im Kindergarten, Lehrer sowie Freunde. Im Folgenden werde ich mich auf die Rolle der Eltern fokussieren, da diese prägend in der Werte-, Normen- und Verhaltensentwicklung von Heranwachsenden sind. Andere Bezugspersonen spielen eine wichtige Rolle für einen Menschen, der erst im Laufe seines Lebens durch einen Unfall oder eine Krankheit zu einem Menschen mit Behinderung wurde. Es gibt hier gewisse Parallelen zu der Rolle der Eltern für Kinder, jedoch auch große Unterschiede, da die Werte-, Normen- und Verhaltensbildung mit zunehmendem Alter abgeschlossen ist.

Fokus auf Selbsthilfe

»Hilfe zur Selbsthilfe« bei Kindern bedeutet, ihnen die Fähigkeiten, das Wissen und die Ressourcen zu vermitteln, um ihre Probleme zu erkennen, anzugehen und zu lösen. Es geht darum, Kinder dabei zu unterstützen, unabhängig zu werden und ihre eigenen Erfahrungen machen zu lassen, anstatt ihnen alles abzunehmen oder für sie zu erledigen.

Hilfe zur Selbsthilfe beinhaltet:

Förderung der Autonomie: Kinder werden ermutigt, Entscheidungen zu treffen und Verantwortung für ihr eigenes Handeln zu übernehmen. Sie lernen, selbstständig zu denken und Lösungen für ihre Probleme zu finden. Gerade für Kinder mit Behinderung ist es wichtig, größtmögliche Autonomie zu entwickeln. Kinder benötigen Zugang zu den notwendigen Ressourcen, um ihre Ziele zu erreichen. Dies kann finanzielle Unterstützung sowie Zugang zu Bildungsmaterialien oder andere Hilfsmittel umfassen; dies ist ein wesentlicher Aspekt im Leben eines Kindes mit Behinderung. Natürlich kann es aufgrund der Behinderung Beschränkungen geben, die Hilfe von Dritten unabdingbar machen, aber das ist meiner Meinung nach nur die »Fall back«-Position, also wenn gar nichts anderes mehr hilft.

Stärkung von Fähigkeiten: Kinder erhalten Unterstützung und Anleitung, um ihre Fähigkeiten und Talente weiterzuentwickeln. Dies kann durch Bildung, Training oder Mentoring erfolgen. Bei ihnen stehen oft ihre Behinderung und die erfahrene Einschränkung im Mittelpunkt. Gerade deshalb müssen ihre besonderen Talente und Kompetenzen gestärkt und weiterentwickelt werden. Ein Rollstuhlfahrer braucht beispielsweise eine barrierefreie Umgebung, um sich möglichst eigenständig fortzubewegen. Gleichzeitig kann er sportlich talentiert sein und daher wäre eine Förderung dieses Talents durch die Mitgliedschaft in einem Basketballverein für Behinderte wünschenswert.

Ermutigung zur Selbstreflexion: Kinder werden ermuntert, über sich selbst nachzudenken, eigene Stärken und Schwächen zu erkennen und Ziele und Wünsche zu identifizieren. Dadurch können sie ihre eigenen Bedürfnisse besser verstehen und entsprechend handeln. Dies gilt gleichermaßen für Kinder mit Behinderung. Sie reflektieren darüber, welche Fähigkeiten möchte ich weiterentwickeln, weil ich darin echt gut bin, und was sind meine Schwachpunkte, die ich entweder akzeptiere, so wie sie sind, oder aber, welche Strategien kann ich entwickeln, um die Schwächen zu überwinden. Eltern unterstützen diesen Reflexionsprozess oder stoßen ihn an. Selbstreflexion ist kein einfacher Prozess, wenn jemand ehrlich zu sich selbst ist, kann er auch schmerzhaft und emotional sein. Ohne diese Bestandsaufnahme ist es meiner Meinung aber nicht möglich, klare Ziele für das weitere Leben zu formulieren und Aktivitäten zu entwickeln.

Schaffung eines unterstützenden Umfelds: Kinder brauchen ein Umfeld, das sie motiviert und unterstützt. Eltern, Lehrer und andere Bezugspersonen spielen eine wichtige Rolle dabei, eine Umgebung zu schaffen, in der Kinder sich sicher und bestärkt fühlen. Später wird noch die Rede von Diskriminierung oder vom Hänseln von Kindern mit Behinderung sein. Darauf entschieden zu reagieren, obliegt den Eltern, gemeinsam mit anderen relevanten Bezugspersonen des Kindes. Dadurch lernt ein Kind mit Behinderung für sein späteres Leben, wie es selbst angemessen in diesen Situationen reagieren kann. Hilfe zur Selbsthilfe ist wichtig, um die Unabhängigkeit, das Selbstvertrauen und die Fähigkeiten von Kindern zu fördern. Es gibt ihnen die Möglichkeit, ihre eigenen Probleme zu bewältigen und ihr Potenzial auszuschöpfen. Indem sie lernen, sich selbst zu helfen, werden sie befähigt, Herausforderungen im Leben anzunehmen und erfolgreich zu meistern.

Eltern sollten nicht den Fehler machen, für ihre Kinder mit Behinderung Aufgaben zu übernehmen, die sie nicht auf Anhieb selbst bewältigen können. Das ultimative Ziel ist es, ein Kind mit Behinderung darin zu unterstützen, dass es seine Angelegenheiten eigenständig erledigen kann. Das kann einige Zeit dauern und wird von Erfolg und Misserfolg begleitet werden. Doch es zahlt sich letztendlich aus.

Achtung! Emotionen erlaubt

Das Zeigen von Emotionen ist bei Kindern mit Behinderung von großer Bedeutung für ihr Heranwachsen. Es ist wichtig, dass sie hierdurch lernen, ihre Gefühle auszudrücken und ihre Bedürfnisse zu kommunizieren. Wenn Kinder mit Behinderung Schwierigkeiten haben, sich verbal auszudrücken oder ihre Bedürfnisse auf andere Weise zu kommunizieren, kann das Zeigen von Emotionen eine alternative Möglichkeit sein, um ihre Gefühle und Wünsche zu vermitteln. Es ermöglicht anderen Menschen, insbesondere den Eltern, die Bedürfnisse der Kinder besser zu verstehen und angemessen darauf zu reagieren.

Emotionen zuzulassen und zu zeigen, ist darüber hinaus ein wichtiger Aspekt des Selbstausdrucks für die Gefühle der Kinder. Indem sie ihre Emotionen deutlich machen, können sie ihre Persönlichkeit zum Ausdruck bringen, sich selbst besser kennenlernen und Gehör bei anderen finden. Emotionen spielen eine entscheidende Rolle in der sozialen Interaktion. Sie ermöglichen Kindern mit Behinderung, Beziehungen aufzubauen und mit anderen Menschen in Kontakt zu treten. Durch das Teilen von Freude, Trauer oder Frustration können sie Verbindungen herstellen und Unterstützung von ihren Eltern und anderen Bezugspersonen erhalten. Es hilft anderen Menschen dabei, Empathie für diese Kinder zu entwickeln und sie zu unterstützen, da sie besser verstehen, was das Kind durchmacht.

Das Erleben von Emotionen erlaubt, Bewältigungsstrategien zu entwickeln, um mit Stress und großen Herausforderungen umzugehen. Emotionen zuzulassen und zu lernen, mit ihnen umzugehen, ist ein wichtiger Bestandteil des Erwachsenwerdens. Emotionen als etwas Schlechtes abzutun, ist nicht zielführend. Wir sind schließlich keine Roboter. Emotionen sind Teil unseres menschlichen Wesens und sie zu unterdrücken, wäre der falsche Weg. Wichtig ist es, sie anzunehmen und sich mit ihnen auseinanderzusetzen, um zu verhindern, dass sie unser Handeln unreflektiert kontrollieren.

»Ich«: Selbstbewusstsein durch Sozialisierung

Die Bedeutung der Sozialisierung durch die Eltern ist für Kinder ohne und mit Behinderung maßgeblich für die Stärkung ihres Selbstbewusstseins. Eltern spielen eine entscheidende Rolle bei der Entwicklung des Sozialverhaltens, der emotionalen Intelligenz und der sozialen Kompetenzen ihrer Kinder.

Hier sind einige Gründe, warum die Sozialisierung durch die Eltern wichtig ist:

Werte und Normen: Eltern vermitteln ihren Kindern grundlegende Werte, Normen und Verhaltensweisen, die in ihrer Kultur oder Gesellschaft als wichtig erachtet werden. Sie helfen den Kindern dabei, moralische Prinzipien zu verstehen und zu internalisieren. Dies unterstützt sie dabei, sich in der Gesellschaft angemessen zu verhalten. Für Menschen mit Behinderung sind insbesondere Verhaltensweisen wie respektvoller Umgang miteinander, Akzeptieren des »Andersseins«, die Mitmenschen so zu nehmen, wie sie sind, und das Respektieren anderer Meinungen von Bedeutung. Werte und Normen sind der Kompass, der Kindern mit und ohne Behinderung Orientierung gibt.

Kommunikation und Sprache: Eltern spielen eine entscheidende Rolle bei der Entwicklung der Sprache und der Kommunikationsfähigkeit. Durch Interaktion und Gespräche mit den Eltern lernen Kinder, ihre Gedanken und Gefühle auszudrücken, Konflikte zu lösen und effektiv zu kommunizieren. Kinder mit Behinderung sollten lernen, über ihre Behinderung reden zu können, Probleme offen anzusprechen und aktiv nach Lösungen zu suchen. Die Behinderung sollte nicht zu einem »Un-Thema« gemacht werden, also etwas, was man nicht anspricht oder gar tabuisiert. Die Behinderung gehört zur Person des Kindes und eine gute Kommunikationsfähigkeit erleichtert den Umgang mit ihr und sich so zu akzeptieren, wie man ist.

Emotionale Herausforderungen: Ich beobachte oft, dass Eltern sehr emotional über die Behinderung ihres Kindes sprechen. Die Situation ist sicherlich für Eltern häufig belastend und es ist wichtig für sie, dass sie eine Möglichkeit haben, »Dampf ablassen« zu können. Wesentlich ist hierbei, dass dies in einem kontrollierten Umfeld passiert, also zum Beispiel mit Freunden. Eltern sollten mit ihrem Kind positiv über dessen Behinderung reden. Natürlich gibt es schwierige Herausforderungen, aber am Ende ist es wichtig, Zuversicht zu vermitteln. Dies trägt dazu bei, dass Kinder mit Behinderung emotionale Stabilität entwickeln. Sie wissen, dass sie Gefühle wie Schmerz und Trauer ihren Eltern gegenüber zeigen können und dass sie von ihnen aufgefangen werden. Der reflektierte Umgang mit Emotionen trägt dazu bei, selbstbewusst über die eigene Behinderung sprechen zu können.

Verhaltensregulierung: Eltern setzen Grenzen, lehren Regeln und Konsequenzen und helfen den Kindern, angemessenes Verhalten zu erlernen. Durch die Unterstützung der Eltern lernen Kinder, ihre Impulse zu kontrollieren und sich in sozialen Situationen adäquat zu verhalten. Für Kinder mit Behinderung ist es zentral zu lernen, passend zu antworten, wenn sie auf ihre Behinderung angesprochen werden, deswegen gehänselt werden oder wenn sie etwas machen wollen, was nicht auf Anhieb funktioniert. Die Strategien können unterschiedlich sein; es ist aber ratsam, seine eigenen Emotionen zu kontrollieren und ruhig, aber bestimmt zu reagieren. Das Verhalten der Eltern dient hierbei als Vorbild und entscheidender Kompass.

Identitätsbildung: Eltern unterstützen ihre Kinder bei der Entwicklung ihrer Identität und ihres Selbstkonzeptes. Sie helfen ihnen dabei, ihre Stärken und Interessen zu entdecken, ihre Talente zu entwickeln und ihre individuellen Fähigkeiten zu entfalten. Eltern spielen eine wichtige Rolle bei der Förderung des Selbstbewusstseins und des Selbstvertrauens ihrer Kinder. Die Behinderung eines Kindes ist Teil seiner Identität. Das zu akzeptieren und zu sagen »Es ist okay, wie ich bin!«, ist von unschätzbarem Wert. Nur wenn sich jemand so annimmt, wie er ist und in den Spiegel schauen kann, ist er mit sich selbst im Reinen.

Rücken stärken

»Jemandem den Rücken stärken« bedeutet, jemandem Unterstützung und Ermutigung zu geben. Es geht darum, für jemanden da zu sein und ihm das Gefühl zu geben, dass er nicht allein ist. Wenn man jemandem den Rücken stärkt, steht man hinter ihm und unterstützt ihn in schwierigen Zeiten. Man bestärkt ihn, gibt ihm Vertrauen und zeigt ihm, dass man an seine Fähigkeiten und Stärken glaubt. Dieser Beistand kann emotionaler oder praktischer Natur sein und kann dazu beitragen, dass die Person sich gestärkt fühlt und besser mit den Herausforderungen umgehen kann, denen sie gegenübersteht.

Insbesondere Kinder brauchen das Gefühl, dass man für sie da ist, speziell in Zeiten, wenn es nicht so gut läuft, oder wenn sie verunsichert sind. Das gilt auch und gerade in Situationen, wo ein Fehler gemacht wurde. Das bedeutet nicht, dass Eltern versuchen sollten, ihre Fehler zu vertuschen. Es geht darum, ein Kind zu ermutigen, zu seinem Fehler zu stehen, Einsicht zu zeigen und daraus zu lernen, wie es besser zu machen ist. Dies zu tun, fällt einem Kind leichter, wenn es weiß, dass seine Eltern da sind und ihm den Rücken stärken.

Bei Kindern mit Behinderung ist die Situation noch spezieller. In jungen Jahren nehmen sie ihre Behinderung noch nicht wahr. Sie haben noch nicht die Fähigkeit, sich mit anderen zu vergleichen. In dieser Zeit stehen die Eltern ihnen zur Seite, indem sie ihnen beibringen, bestimmte Aktivitäten trotz ihrer Behinderung eigenständig zu tun. Das kann, wie in meinem Fall, das Schnür-senkel-Binden, das Sich-anziehen-Lernen oder das Laufen mit einer Beinprothese sein. Eltern bekräftigen ihre Kinder darin, nicht aufzugeben und in ihrem Lernen nicht nachzulassen.

Je bewusster Kinder im Heranwachsen wahrnehmen, dass sie anders sind als andere, weil ihre Behinderung nicht »die Norm« ist, desto mehr Selbstzweifel treten auf. Sie werden von anderen Kindern und Erwachsenen auf ihre Behinderung angesprochen, weil sie als »anders« von ihnen angesehen werden. Manches Mal ist es gut gemeint, ein anderes Mal bedauernd oder diskriminierend und verachtend. Eltern können ihre Kinder vor diesen Situationen nicht schützen, da sie unweigerlich eintreten werden. Sie können ihre Kinder jedoch auf diese Situationen vorbereiten, damit sie angemessen reagieren können. In jungen Jahren wird das Kind noch meist im Beisein seiner Eltern auf seine Behinderung angesprochen. Hier ist es dann wichtig, dass die Eltern selbstbewusst, bestimmt und durchaus energisch reagieren und antworten.

Wie bereits erwähnt, gibt es meiner Meinung nach keine allgemeinverbindliche Antwort darauf, wie man am besten darauf reagiert, wenn das Kind oder man selbst auf eine Behinderung angesprochen wird. Vieles hängt vom Kontext ab, wie und was gefragt wird und auch von der persönlichen Gemütslage, da nicht jeder Tag gleich ist. Es ist aber meines Erachtens wichtig, dass sich Eltern über die Richtung ihrer Antworten abstimmen, um mit einer Stimme zu sprechen und – und das ist am wichtigsten – ihrem Kind Orientierung und ein Antwortmuster geben. So kann das Kind, wenn es älter ist, lernen, wie es selbst antworten will.

Ich kann in den folgenden Beispielen nur meine persönliche Sichtweise wiedergeben, wie eine idealtypische Reaktion aussehen kann:

– Wird ein Kind oder die Eltern respektlos oder gar diskriminierend auf seine Behinderung angesprochen, ist es in Ordnung zu erwidern: »Das geht Sie nichts an!«, »Wissen Sie eigentlich, wie respektlos Sie sich verhalten?« oder »Ich erwarte eine Entschuldigung für Ihre Ungehörigkeit!«.

– Wird Bedauern über die Behinderung geäußert, könnten Eltern antworten: »Ich bin mir sicher, dass mein Kind seinen Weg im Leben machen wird«, »Woher wollen Sie wissen, dass mein Kind bedauernswert ist?« oder »Ihr Mitgefühl ist überflüssig, da es okay ist, so wie unser Kind ist!«.

– Brüskierenden Fragen wie beispielsweise »Wie konnte es nur zu dieser Behinderung kommen?« kann entgegnet werden: »Ich wüsste nicht, was Sie das angeht!« Oder: »Warum sollte ich Ihnen antworten? Ich frage Sie auch nicht nach persönlichen oder intimen Dingen, da wir uns gar nicht kennen!«

Kinder nehmen die Reaktionen ihrer Eltern auf wie ein Schwamm das Wasser. Sie spüren, dass ihre Eltern für sie da sind und ihnen den Rücken stärken.

Kinder mit Behinderung sind häufig Hänseleien oder Schikanen ausgesetzt. Ihre Behinderung wird mit abfälligen Begriffen bezeichnet. Mich nannte in meiner Kindheit zum Beispiel eine Gruppe von Schülern eine »einarmige Missgeburt«. Das verletzt ungeheuerlich. Ausschluss von den Aktivitäten anderer oder eine »Extra-Challenge« gestellt zu bekommen, mit dem Wissen, dass das Kind sie aufgrund seiner Behinderung gar nicht meistern kann, sind Beispiele für Schikanen. Hier müssen Eltern resolut und bestimmt einschreiten und darüber mit den zuständigen Personen, zum Beispiel mit den Lehrkräften, sprechen und auf Unterlassung bestehen. Es ist richtig, eine Entschuldigung für die Gemeinheit zu erwarten. Das betroffene Kind wird diese bedrückende Situation niemals vergessen, es wird sich aber daran erinnern, wie sich seine Eltern für es eingesetzt haben.

4. Der Mensch mit Behinderung selbst

Letztendlich hängt viel von uns Menschen selbst ab, wie wir mit unserer Situation umgehen. Unsere Eltern und andere wichtige Bezugspersonen haben uns geprägt, wir haben mit dem Erwachsenwerden unsere Eigenständigkeit entwickelt und gelernt, kritisch zu hinterfragen, welche uns auf den Weg mitgegebenen Werte und Normen für uns wichtig sind. Als Erwachsene werden wir beeinflusst von neuen Eindrücken, von der Umwelt, in der wir leben, von unseren sozialen Kontakten im privaten und beruflichen Umfeld, von unseren eigenen Befindlichkeiten wie die psychische und physische Verfassung. Umgeben von diesen Stimuli, die sich nicht selten im Konflikt miteinander befinden, ist es an uns, unseren eigenen Weg zu finden. Das gilt gleichermaßen für Menschen mit und ohne Behinderung. Welches sind nun wichtige Bereiche, die unseren Weg bestimmen?

Fokussierung auf die eigenen Stärken

Unser Heranwachsen ist oft geprägt von negativen Sanktionen, die wir erfahren, wenn etwas schiefläuft oder wir es nicht gut können. Das beginnt schon in der Schule, wo wir angehalten werden, uns in Fächern zu verbessern, in denen wir nicht gut sind, anstatt noch besser in den Bereichen zu werden, die uns Spaß machen und in denen wir deshalb bereits gute Leistungen bringen. Die Fächer, in denen wir keine guten Noten haben, bereiten uns Qualen und reflektieren oft nicht unsere wirklichen Interessen. Wir rücken nur in die nächste Klasse vor, wenn wir unsere Schwächen unter Kontrolle haben.

Ähnlich ist es im Beruf: Es wird erwartet, dass man zum Beispiel nicht nur gut im strategischen Denken ist, sondern auch in der Implementierung von Projekten. Beide Aufgaben sind aber höchst unterschiedlich und erfordern verschiedene Fähigkeiten, die nur selten in ein und derselben Person vereint sind. Mit anderen Worten: Wir werden ein Leben lang konditioniert, an unseren Schwächen zu arbeiten, um besser zu werden, anstatt in unsere Stärken zu investieren und sie damit noch wirkungsvoller zu machen.

Für Menschen mit Behinderung kann diese Herangehensweise fatal sein, denn oft sind die Schwächen hervorgerufen durch die Behinderung. Daher ist es für sie umso wichtiger, sich auf ihre Stärken und Fähigkeiten zu fokussieren, da die Schwächen nicht so einfach überwunden werden können. Es macht zum Beispiel keinen Sinn, mir beizubringen, wie man Motorrad fährt. Für diese Tätigkeit braucht man zwei Arme, sonst geht es nicht.

Es kann gar nicht genug betont werden, wie wichtig Bildung und Weiterbildung für Menschen mit Behinderung sind, damit sie ihre Stärken und Kompetenzen weiterentwickeln. Zudem macht es viel mehr Spaß und motiviert, an sich selbst im Positiven zu arbeiten, als krampfhaft zu versuchen, seine Schwächen zu beseitigen, was zudem nur sehr schwer gelingt. Menschen mit Behinderung sollten nach Bildungs- und Ausbildungsmöglichkeiten suchen, die ihren Interessen und Fähigkeiten entsprechen und die sie dann beruflich einbringen können.

Aktiv sein und sich öffnen

Eine natürliche Reaktion von Menschen mit Behinderung ist es, sich zurückzuziehen, weil sie sich schämen oder wegen ihrer Behinderung nicht auffallen möchten. Man will sich nicht der Außenwelt und seinen Mitmenschen mit seinen Unzulänglichkeiten präsentieren, da dies Fragen hervorruft, denen man sich dann stellen muss. Mangelndes Selbstbewusstsein verstärkt den Wunsch danach, sich zu isolieren. Es ist aber wichtig, sich den Schwierigkeiten des Lebens zu stellen und eigene Unzulänglichkeiten, wie die eigene Behinderung, nicht zu verbergen. Mein Leben hat mir gezeigt, dass meine Beeinträchtigung früher oder später sichtbar wurde, ob ich es wollte oder nicht. Wenn man es früh genug lernt, selbstbewusst durch das Leben zu gehen, ist man vorbereitet auf Situationen, in denen man beispielsweise auf seine Behinderung angesprochen wird.

Sich öffnen und aktiv zu sein, bedeutet, für seine eigenen Bedürfnisse einzutreten und seine Rechte zu kennen und durchzusetzen. Beispielsweise können sich Menschen mit Behinderung in Selbsthilfegruppen oder Organisationen engagieren, die sich für ihre Belange einsetzen. Durch ihr Mitwirken an Entscheidungsprozessen können sie aktiv an der Gestaltung von Politik und Gesellschaft teilnehmen. Diese Aktivität hilft ihnen, soziale Kontakte zu knüpfen und Netzwerke aufzubauen, die dann genutzt werden können, um beispielsweise die dringend erforderliche Barrierefreiheit in Wohngebäuden und Büros noch stärker einzufordern. Sie können Barrieren identifizieren und Lösungen vorschlagen, um sicherzustellen, dass sie gleichberechtigt am gesellschaftlichen Leben teilhaben können.

Menschen mit Behinderung können sich darüber hinaus in Gemeinschaftsgruppen, Vereinen oder Sportteams engagieren, um Gleichgesinnte kennenzulernen und soziale Unterstützung zu erfahren. Diese Netzwerke können auch berufliche Möglichkeiten und Karrierechancen eröffnen. Letztendlich geht es darum, ein selbstbestimmtes Leben zu führen. Menschen mit Behinderung sollten ihre eigenen Entscheidungen treffen können und die Kontrolle über ihr eigenes Leben haben.

Inanspruchnahme von Hilfe

Es ist oft noch hartnäckig in unseren Köpfen verankert, dass Hilfe einzufordern ein Ausdruck von Schwäche oder Unfähigkeit ist. Das geht in Alltagssituationen los. Da läuft man lieber desorientiert in der Gegend herum, schaut verzweifelt auf seine Orientierungsapp oder auf die Karte, aber man findet partout nicht die Zieladresse. Währenddessen passieren einen Dutzende Menschen, die man hätte fragen können. Nein, noch dieses eine Mal selbst versuchen, dann frage ich aber jemanden. Und man fragt doch nicht.

Weitere Beispiele gibt es in der Berufswelt. Wer hat es nicht schon erlebt, dass man verzweifelt über einer PowerPoint-Präsentation oder einer Kalkulation in Excel brütet. Da ist nur eine kleine Funktionalität, die man nicht versteht oder nicht kann. Man rätselt weiter, macht sich im Internet schlau, zögert aber, einen Kollegen zu fragen, der einem sicherlich schnell weiterhelfen könnte. Warum fällt es uns oft schwer, um Hilfe zu bitten?

Unabhängigkeitsgefühl: Viele Menschen haben ein starkes Bedürfnis nach Unabhängigkeit und möchten ihre Aufgaben und Herausforderungen allein bewältigen. Das Bitten um Hilfe kann als Zeichen von Schwäche oder Abhängigkeit empfunden werden, was zu einem Gefühl des Verlusts der Kontrolle führen kann.

Stolz und Eitelkeit: Manche Menschen haben Schwierigkeiten, um Hilfe zu bitten, weil sie stolz sind und nicht zugeben möchten, dass sie Unterstützung benötigen. Sie möchten ihr Image aufrechterhalten und nicht als hilfsbedürftig oder schwach angesehen werden.

Angst vor Ablehnung oder davor, andere zu belästigen: Manche Menschen zögern, um Hilfe zu bitten, weil sie befürchten, andere zu bedrängen oder abgelehnt zu werden. Sie möchten nicht zur Last fallen oder die Zeit und die Ressourcen anderer einschränken.

Negative Erfahrungen oder Stigmatisierung: Menschen, die in der Vergangenheit schlechte Erfahrungen gemacht haben, wie zum Beispiel Ablehnung, kann es schwerer fallen, um Hilfe zu bitten. Sie haben möglicherweise gelernt, dass es besser ist, Dinge selbst herauszufinden als andere mit Fragen zu behelligen.

Mangelndes Vertrauen: Manche Menschen haben möglicherweise kein Vertrauen, dass andere ihnen tatsächlich helfen können oder dass ihre Bedürfnisse ernst genommen werden. Das Bitten um Hilfe ist keine Schwäche, sondern ein Zeichen von Selbstbewusstsein. Es erfordert Mut, sich einzugestehen, dass man Unterstützung benötigt und die Initiative zu ergreifen, um Hilfe zu suchen. Es kann aber auch eine Gelegenheit sein, Beziehungen zu stärken und Vertrauen aufzubauen. Hinzu kommt, dass wir Menschen es lieben, um Hilfe gebeten zu werden. Wenn wir ehrlich sind, passiert es in den seltensten Fällen, dass ein Hilfegesuch abgelehnt wird.

Für Menschen mit Behinderung ist es ebenso wichtig, um Hilfe zu bitten. Aufgrund ihrer Behinderung sehen sie sich oft Herausforderungen gegenüber, die sie entweder mühselig selbst managen können oder eben gar nicht ohne fremde Hilfe. Natürlich ist es wichtig, Dinge zu erlernen, doch das braucht Zeit. Es kann Situationen geben, in denen man nicht genug Zeit hat und deshalb um Hilfe bitten muss. Und das ist vollkommen in Ordnung. Mir persönlich fällt es immer noch nicht leicht, Hilfe einzufordern, aber ich arbeite daran!

Robustes Selbstbewusstsein

Ohne Selbstakzeptanz und Selbstwertgefühl ist es unmöglich, sein Leben selbstbestimmt und eigenverantwortlich zu gestalten. Indem Menschen mit Behinderung ihre Stärken und Fertigkeiten erkennen und schätzen, können sie ihr Selbstvertrauen stärken und eine positive Einstellung zu sich selbst entwickeln. Ich beobachte zu oft, dass sich Menschen mit Behinderung zurückziehen und nicht selbstbewusst genug auftreten. Es macht den Anschein, als seien sie verschüchtert, mit sich selbst nicht im Reinen und, das klingt nun hart, fühlen sich aufgrund ihrer Behinderung als Menschen zweiter Klasse. Es ist ein Verhalten oder eine Reaktion auf die Umgebung, das ich zwar aus eigener Erfahrung nachvollziehen kann, aber als vollkommen falsch ansehe. Ohne ein gesundes Selbst geht gar nichts!

Die Entwicklung des Selbstbewusstseins ist für Menschen mit Behinderung genauso wichtig wie für Menschen ohne Behinderung. Selbstbewusstsein ermöglicht es, ihre eigenen Fähigkeiten anzuerkennen, ihre Stärken zu nutzen und ihre Ziele zu verfolgen. Es spielt eine entscheidende Rolle bei der persönlichen Entwicklung, der sozialen Interaktion und der Bewältigung von Herausforderungen im Alltag. Bei Menschen mit Behinderung besteht die Gefahr, dass sie sich selbst auf ihre Behinderungen reduzieren und akzeptieren, von anderen darauf begrenzt zu werden. Oft ist es bei Menschen mit Behinderung die Unzulänglichkeit oder das Anderssein, das im Mittelpunkt steht. Es ist wichtig, sich nicht in diese Ecke drängen zu lassen, sondern seine Talente und Befähigungen herauszustreichen und für andere sichtbar zu machen. Ein starkes Selbstbewusstsein ermöglicht es, eigene Entscheidungen zu treffen und eigene Werte und Überzeugungen zu vertreten. Es hilft Menschen mit Behinderung, sich selbst zu akzeptieren und ihre Individualität anzuerkennen, was wiederum zu einem gesunden Selbstwertgefühl führt.

Menschen mit Behinderung hadern oft mit dem Schicksal, das zu einer Behinderung oder Limitierung ihrer Fähigkeiten in einem bestimmten Bereich geführt hat. »Warum bin ich so wie ich bin?« oder »Warum ist mir dieser Unfall passiert?«, das sind die Fragen, die man sich stellt. Es ist wichtig, zu dem Punkt zu kommen, dass man sich so akzeptiert wie man ist und das Schicksal annimmt.

Und es ist leider so, dass Menschen mit Behinderung ein besonders dickes Fell brauchen, da sie immer noch zu oft respektlosen Kommentaren oder Fragen ausgesetzt sind, die am Selbstwertgefühl kratzen. Selbstbewusstsein hilft, sich negativen Einflüssen oder diskriminierenden Situationen zu stellen, anstatt sich vor ihnen zu drücken.

Selbstbewusstsein spielt auch eine wichtige Rolle bei der sozialen Integration. Ein starkes Selbstbewusstsein kann dazu beitragen, sich in sozialen Interaktionen wohlzufühlen, Beziehungen aufzubauen und seine eigenen Interessen und Talente zu verfolgen.

Im Berufsleben ist Selbstbewusstsein ebenfalls von großer Bedeutung. Es verhilft Menschen mit Behinderung dazu, ihre Fähigkeiten und Leistungen selbstbewusst zu präsentieren, berufliche Chancen zu ergreifen und Herausforderungen anzunehmen. Selbstbewusstsein trägt auch dazu bei, mit Stress und Unsicherheit besser umzugehen und sich beruflich weiterzuentwickeln. Ein gesundes Selbstbewusstsein basiert auf einer realistischen Selbsteinschätzung und Respekt gegenüber anderen. Es geht darum, sich selbst zu kennen, sich selbst anzunehmen und Vertrauen in die eigenen Fähigkeiten zu haben.

Zusammenfassung

Wir haben kurz auf die derzeitigen gesetzlichen Rahmenbedingungen in Deutschland geblickt und anschließend die Notwendigkeit von Veränderungen herausgearbeitet. Dabei lag der Fokus auf staatlichen Institutionen und auf dem Gesetzgeber, auf Unternehmen als Arbeitgeber sowie auf Eltern und anderen Bezugspersonen und nicht zuletzt auf dem Menschen mit Behinderung selbst. Die angeführten Themen und Ideen sollen als Ansporn betrachtet werden, diese Veränderungen voranzutreiben. Was notwendig ist, ist *FAIRness* gegenüber Menschen mit Behinderung. Fairness bedingt gegenseitigen Respekt, Akzeptanz und ein wertschätzendes Miteinander.

Dem aufmerksamen Leser wird nicht entgangen sein, dass die Unterpunkte der letzten vier Kapitel mit den Buchstaben F, A, I und R beginnen, also zusammengenommen für »FAIR« stehen.

Die Notwendigkeit für eine fundamentale Veränderung lässt sich wie folgt zusammenfassen:

FAIR im Miteinander

F = Fokussieren
Wir müssen den Fokus auf das Wesentliche richten, um Veränderungen voranzutreiben und dürfen uns nicht in zahllose Einzelmaßnahmen verstricken. Der Fokus schafft Klarheit und vereinfacht die Kommunikation.

A = Aktivieren
Wir brauchen Menschen mit Behinderung, die selbstbewusst auftreten, ihre Interessen klar und verständlich artikulieren und andere aktivieren und dazu motivieren, sich zu beteiligen.

I = Inkludieren
Wir benötigen eine Gesellschaft sowie Unternehmen, die den Diversity-Begriff weiter fassen und auch andere Gruppen, wie Menschen mit Behinderung, inkludieren.

R = Reformieren
Wir brauchen radikale Veränderungen, um Menschen mit Behinderung vollständig in die Gesellschaft und die Arbeitswelt zu integrieren. Eine grundlegende Reformierung der bestehenden Regelungen und Instrumente ist dringend erforderlich.

Zusammenfassend kann gesagt werden, dass eine Vielzahl von gebündelten Maßnahmen verschiedener Akteure initiiert und durchgeführt werden müsste, die ich wie folgt priorisieren würde:

1. *Aufgaben des Staates:*
   - Intensivierung der akademischen Forschung in Zusammenarbeit mit privaten Unternehmen, das die Bedürfnisse von Menschen mit Behinderung analysiert, um fundierte und datenbasierte Handlungsempfehlungen zu geben.
   - Streichung von gesetzlichen Regelungen, die gutgemeinte, aber nicht zielführende Fürsorge- und Schutzmaßnahmen für Menschen mit Behinderung vorsehen. Diese Regelungen sind nicht mehr zeitgemäß, sondern kontraproduktiv. Freiwerdende finanzielle Mittel sind zum Abbau von Barrieren einzusetzen, von denen es noch viel zu viele gibt.
   - Festlegung von verbindlichen Quoten für Menschen mit Behinderung in Führungspositionen und Vorgabe eines Rahmens für die Umsetzung in den Unternehmen.

2. *Aufgaben der Unternehmen:*
   - Sie müssen Vorurteile und Benachteiligungen von Menschen mit Behinderung durch verbesserte Kommunikation, Trainingsprogramme und vollständige Barrierefreiheit abbauen. Bereits bestehende Maßnahmen sind zu intensivieren.
   - Anstrengungen hinsichtlich der »Diversity and Inclusion«-Strategien sind breiter zu fassen und Menschen mit Behinderung einzuschließen. Verbindliche Quotenvorgaben des Staates und der Unternehmen bei der Besetzung von Führungspositionen von Menschen mit Behinderungen sind umzusetzen.

– Der gravierende Arbeitskräftemangel kann nur überwunden werden, wenn Unternehmen das Potenzial von Menschen mit Behinderung erkennen und für sich nutzen. Eine bundesweite Auszeichnung der »behinderten-freundlichsten Unternehmen« zieht Aufmerksamkeit auf sich und forciert den Wettbewerb.

3. *Aufgaben von Eltern und anderen Bezugspersonen:*
   – Sie unterstützen das Kind und den Jugendlichen dabei, ein gesundes und widerstandsfähiges Selbstbewusstsein zu entwickeln.
   – Sie erziehen das Kind und den Heranwachsenden zur größtmöglichen Selbstständigkeit durch das Prinzip der Hilfe zur Selbsthilfe. Dies beinhaltet auch, Hilfe für sich als Eltern und den Heranwachsenden in Anspruch zu nehmen.
   – In guten wie in schlechten Zeiten ist es ihre Aufgabe, dem Heranwachsenden den Rücken zu stärken, was das Selbstvertrauen steigert. Wer ein gesundes Selbstbewusstsein besitzt, hat die Fähigkeit, sein Verhalten selbstkritisch zu hinterfragen und zu reflektieren.

4. *Aufgaben der Menschen mit Behinderung:*
   – Entweder hat das Elternhaus dem Menschen mit Behinderung ein robustes Selbstbewusstsein bereits mitgegeben oder er muss es sich selbst, auch mit Inanspruchnahme von Hilfe, erarbeiten.
   – Das Fokussieren auf die eigenen Stärken ist von überragender Wichtigkeit und ist wichtiger als der Versuch, seine Schwächen zu korrigieren.
   – Menschen mit Behinderung sind aufgerufen sich zu öffnen, aktiv am gesellschaftlichen Leben teilzunehmen und für ihre Rechte einzutreten. Die Inanspruchnahme von Hilfe ist keine Schwäche, sondern eine Stärke.

Ich bin davon überzeugt, wenn wir diese Maßnahmen gezielt umsetzen und an uns selbst arbeiten, werden wir die Integration und die Inklusion von Menschen mit Behinderung in die Gesellschaft und die Arbeitswelt ein entscheidendes Stück voranbringen.

Meine Vision von der Zukunft

Meine Vision besteht darin, dass wir uns von dem Label »Menschen mit Behinderung« vollkommen befreien. Wir alle, egal ob Menschen mit oder ohne Behinderung, stoßen oft an Grenzen oder an Hindernisse, die die Ausführung einer Tätigkeit unmöglich machen. Nehmen wir das Beispiel eines Rollstuhlfahrers, der eine Höhenwanderung in den Bergen nicht mitmachen kann, weil der Pfad nicht rollstuhlgerecht ist. Das gleiche Problem kann jemand mit einem gebrochenen Fuß haben oder jemand, der unter Höhenangst leidet.

Die meisten indigenen Gemeinschaften Nordamerikas hatten kein Wort für »Behinderung«. Weil sie keine »Behinderten« hatten? Natürlich hatten sie Menschen, die von »der Norm« abwichen. Was sie aber nicht hatten, war eine »Klasse« von »Behinderten«. Stattdessen hatten sie beispielsweise Frauen, die taub, jedoch geschickt im Wassertragen waren. Oder eine, die nicht sehen konnte, die Leute aber mit ihren Geschichten wie keine andere unterhielt. Sie hatten einen, der, wie es heute heißt, an einer psychischen Behinderung litt, dank seiner verrückten Weltsicht aber visionär war: der Schamane. Sie trugen dank ihrer Begabungen zum Gemeinwohl bei und verdienten ihren Lebensunterhalt.

Unsere erste Zielsetzung sollte sein wertzuschätzen, welche Talente oder Fähigkeiten ein Mensch mit oder ohne Behinderung in unser gesellschaftliches Leben und die Berufswelt einbringen kann. Das Anerkennen der Einzigartigkeit, des Wertes und der Würde eines Individuums führt zur Steigerung seines Selbstwertgefühls. Die empfundenen Behinderungen und Beschränkungen treten dann in den Hintergrund. Das Eingehen auf und Umgehen mit den Einschränkungen von Menschen mit Behinderung, um ihre Begabungen und Stärken weiterzuentwickeln, zeigt, wie fortgeschritten eine Gesellschaft oder ein Unternehmen beim Thema »Diversity and Inclusion« wirklich sind. Ich bin überzeugt, und es ist auch erwiesen, dass Unternehmen mit einer inkludierenden Kultur erfolgreicher sind als andere.

Behinderungen oder Barrieren zu beseitigen, die Menschen als Hindernisse empfinden, muss die oberste Zielsetzung für uns alle sein. Nur mit diesem Ansatz kann uns eine vollständige Integration gelingen. Der Abbau von Barrieren führt zu mehr Chancengleichheit für Menschen mit Behinderungen und gibt ihnen die Chance, ihre beruflichen Ziele zu erreichen.

Die konsequente Beseitigung von Hindernissen und Schwierigkeiten in allen relevanten Politikbereichen ist das Bindeglied zu einer besseren Arbeitsmarktintegration.

Leidenschaftlich diskutiert wird in der Gesellschaft der eklatante Mangel an qualifizierten Arbeitskräften in Deutschland. Es gibt verschiedene Lösungsansätze, die Hand in Hand miteinander gehen müssen. Eine einzelne gezielte Maßnahme wird das Problem nicht lösen, da es zu komplex ist.

Mögliche Lösungsansätze wären beispielsweise zum einen, die Immigration qualifizierter Arbeitskräfte aus dem Ausland zu fördern, und zum anderen, Maßnahmen zu ergreifen, die die Beschäftigungsquote erhöhen, sodass mehr Menschen einer Erwerbstätigkeit nachgehen. Dies kann beispielsweise dadurch erreicht werden, dass die Kapazitäten von Kinderbetreuungseinrichtungen erhöht werden, die es beiden Elternteilen ermöglicht, einer Erwerbstätigkeit nachzugehen.

Darüber hinaus sollte die ältere Belegschaft (die Generation der »Babyboomer«) motiviert werden, länger einer Beschäftigung nachzugehen und die Integration von Menschen mit Behinderung in die Berufswelt gezielt umgesetzt werden. Bei der großen Anzahl von Menschen mit Behinderung ohne adäquate Beschäftigung wäre es ein gesellschaftspolitischer Skandal, in diesem Bereich nicht endlich aktiv zu werden!

Nachwort –
Der Weg zur vollständigen Teilhabe ist noch lang

»Nur wer die Tiefen im Leben kennt, weiß die Höhen zu schätzen.« In diesem Spruch liegt so viel Wahrheit und er begleitet mich durch mein ganzes Leben. Misserfolge und Tiefschläge im Leben tun weh, bieten aber Gelegenheit zum Reflektieren und Lernen, um zu neuen Höhen aufzusteigen. Erfolge und Glücksmomente sollten wir auskosten und genießen. Bei der Integration von Menschen mit Behinderung in die Gesellschaft und in das Berufsleben wurde bereits einiges erreicht, aber wir sind noch nicht am Ziel einer vollständigen Teilhabe, sondern haben noch einen langen Weg vor uns.

Die Weltpolitik wird von einer Vielzahl sich verstärkender Krisen bestimmt. An oberster Stelle steht der Klimawandel oder, besser gesagt, die globale Erderwärmung, die die Menschheit vor eine Fülle von immensen Herausforderungen stellt wie Hungersnöte, Vernichtung der Artenvielfalt, steigende Meeresspiegel und Flüchtlingsströme. Als ob das allein nicht schon bedrohlich genug ist, haben wir eine Vielzahl von Konfliktfeldern, die Kriege in der Ukraine und im Nahen Osten zur Folge hatten. Statt dass die Weltgemeinschaft an einem Strang zieht, ringen Großmächte wie die USA, China, Russland und vielleicht auch bald Indien um eine Vormachtstellung. Man kann angesichts der globalen Herausforderungen versucht sein zu sagen, dass ein Thema, wie sich für die Interessen und Belange von Menschen mit Behinderung einzusetzen, zweit- oder gar drittrangig ist.

Ich betrachte diese Ansicht für falsch und halte sie für gefährlich zugleich. Zum einen ist in unserem Grundgesetz davon die Rede, dass die Würde eines jeden Menschen unantastbar ist. Zum anderen sind weitere gesetzliche Regelungen und internationale Vereinbarungen für Deutschland verbindlich in Kraft, die eine vollständige Gleichstellung von Menschen mit Behinderung einfordern. Es ist ethisch und moralisch bedenklich, die Augen davor zu verschließen und Verbesserungen nicht voranzutreiben. Meine eigenen Erfahrungen untermauern und illustrieren anschaulich, dass wir noch einige Herausforderungen zu meistern haben.

Ich hoffe, dass ich mit meinem Buch Denkanstöße mit praktischen Beispielen vermitteln konnte, die den gesellschaftlichen Diskurs über die Integration und Inklusion von Menschen mit Behinderung weiter vorantreiben.

Als Betroffener, als Mensch mit Behinderung, ist mir das Thema und wie wir damit umgehen eine Herzensangelegenheit. Wir alle sollten nicht länger warten, sondern aktiv werden und unsere Gesellschaft gerechter und inklusiver für Menschen mit Behinderung machen.